Contes et jeux pour chaque mois de l'année

CONTES ET JEUX POUR CHAQUE MOIS DE L'ANNÉE

GRÜND

Textes racontés par V. Borská (30, 31), J. Brukner (40–43), J. Cirkl (78, 79), J. Čarek (119), J. Červenková (12, 13, 188, 189), V. Čtvrtek (72, 75, 140, 141), P. Fiala (44–45), V. Frýbová (22, 46, 47, 104–107, 156, 190, 191), O. Hejná (60, 61, 110, 111, 168–171), S. Hrnčíř (20, 21, 36, 37, 52, 53, 68, 69, 84, 85, 100, 101, 116, 117, 132, 133, 148, 149, 164, 165, 180, 181, 196, 197), F. Hrubín (152–155), J. Kahoun (14, 15, 56–59, 63, 92–95), D. Lhotová (198–224), M. Lukešová (108, 109, 184–187), J. Menzel (126, 127), V. Nezval (120–123), M. Novotný (18, 115, 162, 195), E. Opravilová (66, 99), J. Pavlovič (126–133, 136–139), E. Petiška (28, 29, 142, 143), E. Petráková (130, 147), M. Souchon (5–7, 22–23, 38–39, 54–55, 70–71, 86–87, 97, 102–103, 118–119, 134–135, 150–151, 166–167, 182–183), K. Sojková (124, 125), L. Středa (174, 175), J. V. Svoboda (24–27), Z. Špůrová (76, 77), L. Štíplová (8–11, 35, 83, 146, 179), H. Vrbová (172, 173)

Textes illustrés par M. Barták (18, 34, 115, 163, 194), E. Bednářová (120–123), D. Berková (78, 79), A. Born (20, 21, 36, 37, 52, 53, 68, 69, 84, 85, 100, 101, 116, 117, 132, 133, 148, 149, 165, 180, 181, 196, 197), C. Bouda (156 à gauche), O. Čechová (28, 29, 88–91, 142, 143), G. Filcík (24–27, 66, 162, 178), J. Fixl (16, 32, 35, 48, 50, 51, 64, 67, 80, 96, 99, 112, 128, 144, 160, 174, 176, 192), K. Franta (158, 159), O. Franzová (19, 83, 172, 173, 179), O. Hejná (60, 61), M. Jágr (92, 93, 136–139), V. Jandourková (40–43, 83, 108, 109), O. Janeček (7, 23, 39, 55, 71, 87, 103, 119, 135, 151, 167, 183), A. Khunová (35, 44, 45, 130, 146), J. Kalousek (168–171), V. Karel (156 à droite), Z. Krejčová (77, 98), J. Kremláček (110, 111), V. Krumphanzlová (30, 31, 94, 95), J. Kudláček (104–107), J. Lada (157 à droite, haut), J. Lysková (82, 125, 147), I. Minařík (6, 22, 38, 54, 70, 86, 102, 118, 134, 150, 166, 182), K. Němečková (56–59, 131), M. Noll (198–224), K. Pacovská (46, 47, 152–155, 190, 191), J. Paleček (62, 63, 72–75), R. Pilař (195), M. Prachatická (13), V. Rykr (14, 15), A. Scheiner (154 à gauche), J. Sigmundová (8–11), Z. Smetana (140, 141), K. Svolinský (157 à droite, bas), J. Trnka (126, 127), J. Walterová (184–187)

Textes choisis et arrangés par Vladimíra Gebhartová
Adaptation française de Barbora Faure
et de Monique Souchon (pages : 49, 81, 97, 113 et 145)
Arrangement graphique par Jiří Hanuš

Textes et illustrations ont été pour
la première fois publiés dans le magazine
pour les enfants « Sluníčko » (Éditions de Mladá fronta)
Et pour la traductions française :

ISBN 2-7000-1663-7
Troisième tirage 1987
Imprimé en Tchécoslovaquie par PZ Bratislava
1/21/03/53-03
Loi n° 49-956 du 16 juillet 1949
sur les publications destinées à la jeunesse

AU LECTEUR

Voulez-vous écouter un conte ? Alors, regardez le soleil à travers vos paupières fermées et il vous racontera sûrement une histoire. Conte d'hiver ou de printemps, récit d'été, conte d'automne selon votre clignement d'yeux, selon l'inclinaison de votre tête. Vous sentirez alors que le soleil, toujours pareil à lui-même, est pourtant différent. Le soleil est la vie de la terre : voilà des millénaires que les hommes l'observent, qu'ils rêvent en l'observant. Tous les jours que Dieu fait, des milliers de visages se tournent vers lui. Chaque jour, il caresse des centaines de fronts. Chaque jour, il réchauffe des centaines de cœurs en peine.

Le soleil est universel. Pourtant, dans l'antichambre des nuages, il tresse pour chacun de vous des contes et des jeux, en revêtant ses habits de lumière.

JANVIER

LE CONTE DE JANVIER

est presque gelé. Pourtant ne craignez rien : le soleil ne risque pas de disparaître, dévoré dans la neige. S'il se déguise ainsi, c'est pour vous rappeler que janvier est le mois des gelées et qu'il ne faut jamais sortir sans être emmitouflé de bonnets, d'écharpes et de gants qui sont les amis de l'hiver. Ne pleurez pas, mais écoutez plutôt le conte qui les fera vivre. Il se cache derrière la page. Alors, bien au chaud au cœur de la maison, regardez les images d'un récit très ancien : celui de la petite poule et son mari le coq. Et, pour changer les habitudes, racontez-le ensuite à vos parents. Puis, deux exercices mettront à l'épreuve votre ingéniosité : à vous de décider s'ils sont faciles ou difficiles. Puis, à la fin du mois, vous vous amuserez avec les aventures de deux chats très malins que vous retrouverez à la fin de chaque mois.

Sans gel
L'hiver n'est pas l'hiver.
Les gamins emmitouflés
Font des huit sur la glace.

LE CONTE DES GANTS

Le père, la mère, le grand-père, la grand-mère et leur petit garçon-fripon ont une jolie maison. Et, s'il manque une table, ils ont chacun leur chambre. La maison n'a ni porte ni clé, mais on y est au chaud, chacun dans sa chambrette. En été, lorsque le soleil chauffe, lorsqu'on peut se baigner ou jouer sur la plage, il faut bien avouer que ni le père, ni la mère, ni le grand-père, ni la grand-mère, ni le petit garçon-fripon ne s'attardent dans la maison... Que feraient-ils à rester enfermés alors qu'ils peuvent barboter dans l'eau, ou cueillir des fraises des bois ?

Mais tout a une fin, même l'été. Les prunes mûrissent et voilà tout à coup le froid, l'humidité de l'air. Les nuits

s'allongent et les jours raccourcissent. Les marronniers et les hêtres perdent leurs feuilles. Le sol se recouvre de feuilles mortes et la neige le cache entièrement.

– Aïe, qu'il fait froid ! Aïe que ça pince ! Vite, rentrons à la maison, dit le père à la mère.

– Vite, rentrons, dit le grand-père à la grand-mère. Ils appellent le petit garçon-fripon et vite, vite, ils se réfugient entre la chaleur de ses murs.

Mais que se passe-t-il ? Oh là là, quel malheur ! La première chambre est toute décousue, dans la deuxième et la troisième il y a plus de courants d'air qu'à l'extérieur, près du ruisseau, la quatrième est défigurée par un énorme trou béant. La cinquième est la plus mal en point : elle a perdu son toit. Ce sont des choses qui arrivent quand on délaisse sa maison tout l'été, abandonnée dans un coin, et qu'on oublie de la réparer.

Les voisins, eux, ont apprêté la leur dès le printemps. Ils l'ont rangée comme il fallait pendant l'été, et,

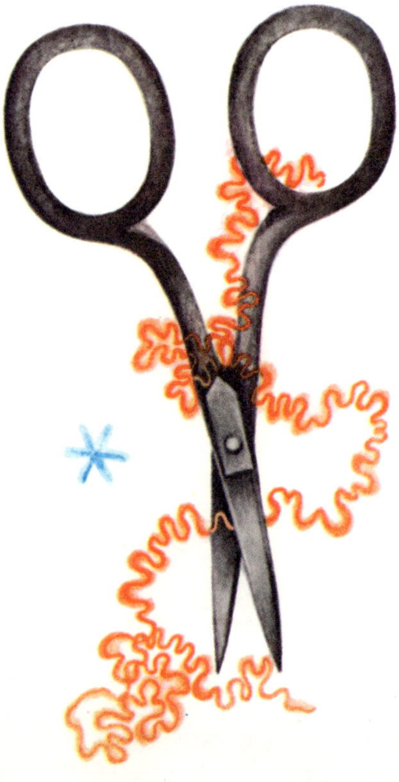

à l'automne, ils ont encore vérifié qu'elle était en état, que rien n'était cassé ou décousu, et que toutes les pièces garderaient la chaleur pendant l'hiver.

Mais comment réparer une maison ?
– Demandons aux voisins, décida la mère lorsqu'elle vit son petit garçon-fripon pleurer de froid. Le père et le grand-père n'étaient pas décidés, parce qu'ils avaient honte de l'avoir laissée dans cet état. Mais, le froid redoublant, il ne restait plus qu'à aller frapper chez les voisins.

– Qui va là ? demandent les voisins.
– Nous sommes vos voisins. Notre maison est pleine de trous et nous ne savons que faire, soupire la mère.
– Vous avez bien fait de venir, disent les voisins et ils vont regarder la maison sans tarder.
– Hum ! dit le voisin, Il aurait mieux valu s'en occuper au printemps. Mais ne vous inquiétez pas, nous y arriverons. Évidemment, il faudra nous aider un peu.
– Ce sera avec plaisir, disent le père, la mère, le grand-père, la grand-mère et le petit garçon-fripon, mais comment faire ?
– Comment ? C'est très simple : on prend une aiguille et de la laine et l'on rccoud tous les trous.
Une fois la maison bien recousue et reprisée, elle semblait toute neuve : tous s'y précipitèrent, contents de trouver un refuge contre les vents d'hiver.

UN MANTEAU DE MOUTON BLEU

Aujourd'hui, André part avec sa mère pour acheter un manteau neuf. Il s'arrête devant la vitrine du magasin. Que de manteaux, que de couleurs !

– Lequel préfères-tu ? lui demande sa mère.

– Difficile à dire, songe André. Ce jaune, là, est bien joli. Si j'avais un manteau jaune, j'aurais l'air d'une fleur de pissenlit. Mais sa mère lui explique que le jaune n'est pas un manteau mais un blouson.

– A quoi reconnaît-on un manteau d'un blouson ? s'étonne André.

– Le manteau est long et le blouson court.

– Et quand le blouson aura grandi, il deviendra un manteau et il aura beaucoup de petits blousons, réplique André en riant, car il sait bien que les choses ne se passent pas du tout comme cela. De toute manière, il faut choisir un autre manteau.

Celui-là, le rouge ? Il aurait l'air d'une pomme bien mûre, d'une fraise ou d'un coquelicot... Ou le marron, à côté. Dans celui-ci, il serait comme un petit bonhomme en chocolat. Les gens qui croiseraient sa mère lui demanderaient : « Madame, où avez-vous trouvé un bonhomme en chocolat de cette taille ? » Et elle répondrait en riant : « Ce n'est pas un bonhomme, c'est mon fils André. » Comme ce serait drôle !

Dans le manteau vert, il aurait l'air d'une rainette. Il avancerait à petits sauts et coasserait : « coa, coa, coa... » Mais non, ce n'est pas possible. André ne sait pas encore nager et les grenouilles nagent très bien.

Un peu plus loin, voici un merveilleux manteau tout blanc. C'est décidé, André veut le manteau blanc, pour ressembler à un bonhomme de neige.

– Un bonhomme de neige, bien sûr, répond maman. Il resterait blanc longtemps, ton manteau ! Maman dit longtemps, mais elle veut dire le contraire. André sait bien à quoi elle pense. Maman n'ignore pas qu'il lui arrive de sauter dans une flaque, ou de faire la toupie le long d'un mur, ou d'embrasser un réverbère. Un manteau blanc, il paraît que c'est bon pour les bébés dans leur landau. « Et les landaux, ce n'est plus du tout mon rayon », se dit André.

Mieux vaut entrer dans le magasin. Les manteaux y sont encore plus nombreux. En voici un avec une étiquette, mais André ne sait pas encore lire.

– Maman, qu'est-ce que ça dit ?

– Ça dit loden. C'est bien la première fois qu'André entend ce mot.

– Loden ? Il s'appelle Loden ?
– Non, loden c'est le nom du tissu.
Mais André ne peut pas avoir un manteau en loden. Il n'y en a que pour les grands garçons. Juste à côté, il en voit un autre, gris et velu, comme une souris.
– Et celui-là, c'est un manteau de fourrure ?
– C'est un manteau de peluche.
Mais malheur de malheur. Le manteau de peluche non plus n'est pas disponible dans la taille d'André. Il n'y en a que pour de petits garçons. Ensuite, André découvre un manteau tout doux et tout strié. Ce tissu-là n'est plus de la peluche, c'est du velours. Et juste au moment où André commence à le trouver à son goût, la vendeuse lui annonce que c'est un manteau de fille. Que faire ?
André devient tout triste. Tant de manteaux, et pas un qui puisse lui aller...
– Comment, dit la vendeuse. Pour toi, j'aurais celui-là, le bleu. Le manteau bleu est le plus beau de tous. André va ressembler à un bleuet, ou à un coin de ciel quand il fait beau, ou au chef de gare, ou à un panier de prunes bleues ! Quelle joie !
– Et celui-là, il est en quoi ?
– En laine.
– Comme les moutons ?
– Exactement. Quand les moutons ont trop chaud, le monsieur les tond et c'est avec cette laine qu'on fait les manteaux pour tenir chaud aux enfants.
– C'est un manteau de mouton bleu ? demande André très content.

– Mais non, répond maman. Tous les moutons sont blancs. C'est seulement après qu'on teint la laine.
– Ah, bon.
Mais c'est encore plus joli d'inventer un mouton bleu. A la maison, André en dessinera un. Et un mouton rouge pour les manteaux rouges, un mouton marron pour les manteaux marron et un mouton d'or et d'argent pour les habits du roi et de la princesse.

COMMENT LA CARPE ENTENDAIT SONNER LES CLOCHES

– Voilà, c'est comme ça. Et voilà, grommelait un petit ourson. Les pattes croisées dans le dos, il arpentait la pièce de long en large. Et de répéter sans cesse : voilà, c'est bien ma veine.
– Qu'est ce que tu as à grogner ? lui demande sa mère.
– Tous les autres garçons ont des patins et un casque et tout ce qu'il faut. Et moi, rien de rien, répond l'ourson en soupirant.
– Mais tu as des patins. Je t'en ai acheté, lui dit sa mère. Il faut simplement que tu apprennes à t'en servir.
– Je sais déjà, rétorque l'ourson.
– C'est vrai ? interroge sa mère, tout étonnée.
– Oui, affirme l'ourson en hochant la tête. Comme un vrai patineur.

Ils s'en vont donc tous deux jusqu'à l'étang gelé. Mère ourse lui enfile les patins bien comme il faut, l'ourson se met debout... et vlan ! Il tombe, mère ourse le relève... Il tombe et tombe encore.
– Si j'avais un casque, ça irait beaucoup mieux, bougonne l'ourson.
– Celui de grand-père, lorsqu'il était pompier, te suffirait ?
– Et comment donc !
Mère ourse s'en va donc chercher le casque de pompiers. L'ourson l'enfile, règle la mentonnière, se met debout... tombe et retombe tellement qu'on entend sonner le casque de loin.
La carpe vient passer la tête par un trou creusé dans la glace. Elle fait claquer ses grosses lèvres et dit :
– Ah, c'est donc ça ! Je me disais que j'entendais sonner les cloches, mais c'est seulement le petit ours qui apprend à patiner.
– A patiner ? rétorque l'ourson. Mais tu n'y es pas du tout. Je sais déjà très bien patiner. Je m'exerce à tomber. Cela je ne sais pas très bien le faire.
Et vlan ! le voilà qui s'étale à nouveau, si fort que son casque résonne.

LE PETIT LAPIN QUI NE CONNAISSAIT PAS L'HIVER

C'était la fête des frimas. Le mois de janvier. Partout, à perte de vue, de la glace, du gel et de la neige. Les frimas faisaient la ronde, sautillaient, craquaient de joie. Ils peignaient des fleurs sur les fenêtres, se glissaient sous les ongles. Ils se suspendaient en stalactites le long des toits. Ils couvraient de glaces les ruisseaux et enfilaient des perles sur les herbes.
Mais le plus heureux était un petit oiseau de toutes les couleurs. Il était dans son élément parmi toute cette froidure. Perché sur une branche, il contemplait la splendeur glacée qui régnait sur le monde. Et il était ravi. Silencieux et immobile sur sa branche, comme de glace lui-même, il entendit tout à coup une petite voix derrière lui : – Hé, toi, tu n'as pas froid ?
Le petit oiseau bariolé se retourna. Et que vit-il ? Un tout petit lapin. Accroupi sur ses pattes de derrière, le lapin soufflait sur ses pattes de devant pour les réchauffer comme il pouvait.
– Non, cria le petit oiseau.
– Comment est-ce possible ? demanda le petit lapin.
– Je suis un pinson des neiges, je suis né au milieu des glaçons.
– Je m'en serais douté, répondit le lapin. Alors ça doit être parce que je suis un lapin de Pâques que je suis gelé. Je suis né en mars, moi, sous un grand soleil. Je suis complètement transi. Aïe, aïe, aïe ! Je voudrais bien, moi aussi, admirer le monde. Mais je ne peux pas, parce que j'ai tellement froid aux pattes de devant.
– Il te faudrait un manchon, suggéra le pinson des neiges.
– Un quoi ?
– Un manchon, pour te protéger les pattes. Une espèce de fourreau, de manche percée aux deux bouts.
– C'est une bonne idée. Tout heureux, le petit lapin sauta de joie et fila chez lui. Au bout d'un moment, il était de retour, les pattes de devant bien au chaud dans un manchon. De temps en temps, il frappait le sol de ses pattes de derrière.
– Pourquoi trépignes-tu ? lui demanda le pinson des neiges.
– Pour me réchauffer les pieds, répondit le petit lapin de Pâques. Le manchon me protège les pattes de devant, et je me réchauffe les pattes de derrière en frappant du pied sur le sol.
– Alors assieds-toi et regarde, toi aussi.
Et le petit lapin de Pâques s'installa près du pinson des neiges pour regarder avec lui la fête des frimas.

L'HISTOIRE DU COQ ET DE LA POULE

Il était une fois un coq et une poule qui étaient sortis de la basse-cour pour aller chercher des graines. Le coq dit à la poule :
– Tout ce que nous trouverons, nous le partagerons équitablement.
– D'accord, répondit la poule. Elle gratte et gratte, et dès qu'elle aperçoit une graine, elle la partage loyalement avec le coq. Un jour, le coq trouve lui aussi une belle graine. Comme il est égoïste, il veut vite l'avaler, mais la graine reste coincée en travers de sa gorge.
– Vite, petite poule, cours me chercher un peu d'eau, sinon je vais mourir !
A peine a-t-il prononcé ces paroles qu'il tombe à terre, les pattes en l'air.
La poule se précipite au puits pour puiser un peu d'eau. Elle prie et supplie le puits :
– Petit puits, puits joli, donne-moi de l'eau pour mon coq, il est tombé par terre, les deux pattes en l'air, il faut le secourir, sinon il va mourir !
Mais le puits n'a pas du tout envie de donner son eau pour rien. Il envoie la petite poule chez la couturière, chercher un fichu. La petite poule court chez la couturière la prier et la supplier : – Couturière, mon amie, donne-moi un fichu pour le puits, le puits me donnera de l'eau pour mon coq qui est tombé à terre, les deux pattes en l'air. Il faut le secourir, sinon il va mourir.
Mais la couturière ne veut pas donner de fichu. Elle envoie la poule chez le cordonnier, lui chercher une paire de souliers.
Alors la poule court chez le cordonnier, le prie et le supplie : – Cordonnier, cordonnier, je voudrais des souliers. Je les porterai à la couturière, elle me donnera un fichu pour le puits et le puits me donnera un peu d'eau pour le coq. Il est tombé à terre, les deux pattes en l'air, il faut le secourir, sinon il va mourir.
Mais le cordonnier réplique : – Je ne te donnerai pas de souliers si la truie ne me donne pas quelques soies en échange.
La petite poule court donc chez la truie, qui l'envoie à son tour chercher de l'orge chez le brasseur. Celui-ci refuse, tant que la vache ne lui aura pas donné un peu de crème.
Alors la petite poule va encore prier et supplier la vache. Celle-ci répond qu'elle veut bien donner un peu de crème, mais seulement en échange d'un panier d'herbe fraîche du pâturage. La petite poule court au pâturage, et celui-ci répond : Je te donnerai de l'herbe quand tu m'auras apporté un peu de rosée du ciel.
A bout de forces, la petite poule se tourne alors vers le ciel :
– Ô ciel, mon beau ciel bleu, donne un peu de ta rosée au pâturage,
le pâturage donnera de l'herbe à la vache,
la vache donnera de la crème au brasseur,
le brasseur donnera de l'orge à la truie,
la truie donnera des soies au cordonnier,
le cordonnier donnera des souliers à la couturière,
la couturière donnera un fichu au puits,
et le puits donnera un peu d'eau pour mon coq,
qui est tombé à terre, les deux pattes en l'air,
il faut le secourir, sinon il va mourir !
Et le ciel eut pitié de la petite poule. Il envoya un peu de sa rosée au pâturage, le pâturage donna de son herbe à la vache, la vache donna de sa crème au brasseur, le brasseur donna de son orge à la truie, la truie donna de ses soies au cordonnier, le cordonnier donna une paire de souliers à la couturière, la couturière donna un fichu au puits et le puits donna de l'eau à la petite poule.
La petite poule prit l'eau dans son bec et l'apporta à son compagnon. Dès qu'elle l'eut versée dans la gorge du coq, la graine qui était coincée descendit au fond de son estomac. Le coq se releva, déploya les ailes et poussa un joyeux cocorico. A partir de ce jour, le coq ne fut plus jamais égoïste et il partagea toutes ses graines avec la petite poule.

SOIGNEZ LE MILLE-PATTES

Le mille-pattes a pris froid et le voilà au lit. Comment en est-il arrivé là ? Peut-être a-t-il laissé son cache-col à la maison. Peut-être s'est-il mouillé les pieds en oubliant de changer ses chaussures. Peut-être lui avez-vous passé votre rhume ? En tout cas, le voilà au lit avec une table de nuit surchargée d'objets divers. Dites-lui ce qui va le guérir et ce qui risquerait, au contraire, de lui faire mal.

LE CHEMIN DE L'ARBRE EN FLEURS

De nombreux chemins conduisent à l'hiver, mais le jardinier cherche celui qui le mènera à l'arbre fleuri. Saurez-vous l'aider ?

DIABLE ET DIABLOTIN

SOIS PRUDENT!
AÏE! QUELLE DESCENTE!
MAMAN! JE TOMBE!
PRENONS CETTE PASSERELLE
PASSERELLE? JE N'AI PAS VU DE PASSERELLE, MOI!

FÉVRIER

L'HISTOIRE DE FÉVRIER,

le soleil n'arrivait pas à la trouver. De voir tant de couettes de neige, tant d'oiseaux transis de froid, il n'avait nulle envie de s'éveiller. Lorsqu'il fut décidé à regarder sous la couche de neige, sous l'écorce des arbres, il vit tant d'impatience qu'il quitta ses habits couleur d'orange pour se changer en miroir d'or et se montrer ainsi aux enfants, aux arbres, aux oiseaux, aux maisons. Alors les contes arrivèrent à vive allure. Selon votre humeur, vous pourrez les lire ou bien les raconter. Vous trouverez aussi des jeux pour ceux qui aiment observer et réfléchir. Quand vous aurez trouvé toutes les solutions, allez vous aérer pour profiter de ce soleil timide encore en février.

En février, la neige
Habille les arbres nus.

COMMENT L'OURS MICHA RENCONTRA LE DIABLE

Cela s'est passé un jour, personne ne peut dire où. Peut-être tout près d'ici, ou peut-être très loin, au-delà des plus hautes montagnes.

Micha l'ourson bougea au creux de sa tanière. Il entrouvrit ses paupières endormies. Et son frère Michka l'imita.

– Joyeux printemps ! leur dit mère ourse en s'étirant.

– Joyeux prrintemps ! leur dit aussi père ours.

– Joyeux printemps ! murmura Micha, suivi de Michka qui l'imitait en tout.

Micha sortit de la tanière et mit le nez dehors.

– Brrr ! C'est encore tout blanc et tout froid ! Aïe que c'est froid !

Et Michka répéta :

– Brrr ! Et c'est mouillé comme de l'eau : Ouïe, c'est tout mouillé !

– Qu'avez-vous à grrrogner, petits grrrincheux, comme si l'on vous étrrripait tout vifs ? Ça, c'est de la vrrraie neige, mais d'ici quelques jourrrs, il n'y

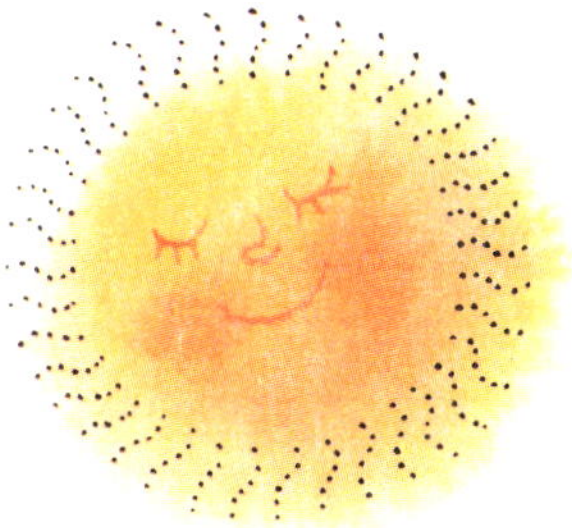

en aurrra plus. Allez, filez vous dégourrrdirrr les pattes !
Et les deux oursons s'élancèrent à travers la forêt jusqu'à la petite clairière où dansaient quelques rayons de soleil, qui chauffaient l'air.
– Viens, jouons à cache-cache, dit Micha.
– C'est moi qui me cache, cria Michka en détalant.
Quelques instants après, Micha entendit son frère qui hurlait : – Au secours, au secours, j'ai vu le diable !
Micha accourut à toutes jambes. Et que vit-il ? Vraiment, c'était un être très bizarre. Tout noir et tout velu, avec de grands yeux qui roulaient au fond de leurs orbites.
– C'est le diable. Je te dis que c'est le diable. Tout noir. Comme le geai nous l'a expliqué, marmonnait Michka hors d'haleine.
Mais Micha n'était pas convaincu :
– Regarde, il n'a pas de cornes, rétorquait-il.
– Pas de cornes, pas de cornes, peut-être qu'elles sont encore petites. C'est sans doute un jeune diable. De toutes manières, moi, je ne reste pas ici, déclara pour finir Michka qui prit ses jambes à son cou.
Micha hésitait. Il regardait autour de lui : par où pourrait-il fuir, s'il le fallait vraiment ? Pendant ce temps, la chose velue et noire alla se tapir derrière un arbre.
Que faire ? Micha était un ourson curieux. Il voulut voir de près à quoi pouvait ressembler un diable. Il s'avança prudemment vers le sapin qui abritait la chose, se blotissant derrière

chaque touffe d'herbe, posant le pied par terre avec la plus grande circonspection. Mais un ours est un ours, même s'il n'est qu'un ourson, et ses pas ne sont guère discrets. Une branche craqua, le diable l'entendit et, puisque Micha s'approchait par la droite, le diable se posta à gauche du sapin. Micha ne put apercevoir qu'un bout d'oreille noire.

Que peut-il préparer ? se demandait Micha.

La curiosité l'emporta. L'ourson brun fit quelques pas encore pour s'approcher du sapin bleu par la gauche, côté d'où il venait d'apercevoir un bout d'oreille noire. Mais le diable bondit de côté et Micha ne vit encore qu'une oreille noire.

Micha s'arrêta un moment, puis refit quelques pas en direction du sapin. Le diable alors pointa la tête et ses dents blanches étincelèrent à la lumière.

Il va me manger, se dit Micha. Il bondit pour prendre la fuite mais, se prenant le pied dans une souche, il s'étala juste au pied du sapin bleu. Le diable fit un bond, mais il tomba sur Micha et il roula par terre, comme lui.

Pendant ce temps, Michka avait regagné la maison et criait d'aussi loin qu'il pouvait :

– Le diable ! Papa, j'ai vu le diable ! Il a sans doute attrapé Micha, là-bas, près du sapin bleu.

– Un diable ? Prrrès du sapin bleu ? Qu'est ce que tu rrracontes ?

Père et mère ours allèrent de conserve voir ce qui se passait. Que virent-ils dans la clairière ? Leur fils Micha dansait la ronde avec la chose noire.

– Rrregarrrde, grrros malin ! grogna père ours d'un ton bourru. Ce n'est pas le diable, c'est un petit ourrrs. Un ourrrs comme vous, mais il est tout noirrr.

Mais Michka ne l'entendit pas. Il avait déjà rejoint son frère et le diable noir pour danser la ronde avec eux.

LA TORTUE ET L'ÉLÉPHANT

– Bonjour, monsieur l'éléphant, dit la tortue dans l'herbe.
– Qui me salue ?
– C'est moi, la tortue. Fais attention, je t'en prie, et ne m'écrase pas.
– Mais oui, mais oui, ne t'en fais pas. Mais pourquoi donc es-tu si petite et si lente ?
– Si je le voulais,je ne serais pas lente du tout, répond la tortue. Si je voulais, éléphant, je pourrais sauter par-dessus ton dos.
– En voilà une idée. Je demande à voir ça. Allons, vas-y, tortue. Saute par-dessus mon dos !
– Je veux bien te montrer, mais demain. Hier déjà, j'ai fait du saut toute la journée et je suis fatiguée. Reviens me voir demain et je te montrerai comment les tortues savent sauter.
L'éléphant s'en va et la tortue court chez sa sœur, aussi vite qu'elle peut.
– Tortue, tortue, ma sœur, écoute ce qui m'arrive. J'ai dit à l'éléphant que je sauterais par-dessus son dos.
– Mais quelle mouche t'as piquée ? répond la sœur très étonnée. Depuis quand les tortues sautent-elles pardessus les éléphants ?
– C'est bien pourquoi je viens te voir. Demain, quand l'éléphant viendra, tu te cacheras dans ce fourré. Quand je crierai « Hop-là ! », tu attendras quelques instants, puis tu crieras : « Me voilà. » Pourras-tu me rendre ce service ?
– S'il n'y a que cela pour te faire plaisir, je le ferai bien volontiers. A demain donc.
Le lendemain, l'éléphant revient au même endroit et trompette d'aussi loin qu'il le peut : – Tortue, tortue, où es-tu ? Viens donc sauter !
– Je suis là, dit la tortue.
– Alors, es-tu prête ? Veux-tu vraiment sauter par-dessus mon dos ?
– Attention, je saute, crie la tortue. Elle crie : « Hop-là ! » et se blottit parmi les herbes.
Dès qu'elle a crié « Hop-là ! », sa sœur, de l'autre côté de l'éléphant, se fait entendre : « Me voilà ! »

Elle sort de l'herbe et l'éléphant n'en croit pas ses yeux. Comme les tortues se ressemblent, il ne soupçonne pas la supercherie.
– Chère tortue, dit l'éléphant très poliment. Je t'en prie, montre-moi encore une fois comment tu sautes ! Tu l'as fait si rapidement que je n'ai pas eu le temps de voir. C'est bien dommage. Recommence, je t'en prie, encore une fois.
– Ah là là, dit la sœur tortue. Ce saut m'a tellement fatiguée. Je ne peux pas recommencer tout de suite. Pourquoi es-tu si gros et si grand ?
– C'est bien vrai, je suis le plus gros et le plus grand du pays, répond l'éléphant fièrement. Pareil exploit ne peut pas être recommencé à tout instant.
Et l'éléphant s'en va, toujours aussi fier et content de lui.
De joie, les deux tortues se mettent à danser une polka de tortue, la plus lente de toutes les polkas de tortues du monde. Elles sont si contentes qu'elles composent même un poème :

Les géants à grosse tête
Souvent n'en sont pas moins bêtes
Et d'une tête de puce
Peut jaillir beaucoup d'astuce.

LE LUTIN DOMESTIQUE ET LE GRAIN DE BLÉ

Depuis des jours et des jours, un lutin habitait juste sous le seuil d'une maison. Un soir, alors qu'il faisait la sieste, il reçut un grain de blé sur la tête. Quelle surprise !

Effrayé, il bondit sur ses pieds. – Bah, que tu m'as fait peur ! Tu ne pourrais pas frapper et attendre qu'on te dise d'entrer ?

– Est-ce que j'ai demandé à venir chez toi ? Pas le moins du monde ! Je suis un naufragé. Je suis tombé du panier. D'ailleurs on doit traiter les naufragés avec ménagement.

Le lutin domestique quitta sa paillasse en épi de seigle et du bout de son pied nu, il chercha ses pantoufles. Il finit bien par les trouver, mais elles étaient tellement usées que tous ses orteils prenaient l'air.

– C'est bizarre ! Je ne l'avais pas remarqué, grommela-t-il dans sa barbe. A haute voix, il demanda pardon.

Il s'en alla ensuite à l'autre bout de la pièce où il avait tout un tas de glumes. Il s'en choisit deux et les enfila à la place de ses pantoufles usées.

– Tra-la-la, tra-la-la, chantonnait-il en revenant vers le grain de blé, car ses pantoufles neuves lui faisaient grand plaisir.

Pendant ce temps, le grain de blé inspectait la maison sous toutes ses coutures. « Ce n'est pas mal ici, se disait-il. C'est même très joli, accueillant, plus accueillant que je n'aurais pensé. Ne serait-ce pas la plus jolie maison que j'aie jamais visitée ? »

A ce moment précis, le lutin revenait, lui disant : – Nous pourrions être amis, si tu le voulais.

– C'est justement ce que j'étais en train de me dire.

– Tra-la-la, tra-la-la, chantonna à nouveau le lutin que la bonne humeur venait d'envelopper comme une douce et moelleuse fourrure. A compter de ce jour, le lutin domestique et le grain de blé vécurent ensemble.

Un jour, le grain de blé lui dit : – Si tu m'apportais une goutte d'eau, je te ferais un joli toboggan.

– Mais je n'aime pas l'eau, répondit le lutin.

– Tu ne seras pas obligé de la boire, le rassura le grain de blé.

Alors le lutin alla chercher une goutte de rosée. Le grain de blé la but et aussitôt, une belle languette vert pâle sortit de son germe.

– Oh, le beau toboggan ! s'écria le lutin. Et il monta dessus. En avant ! et encore ! et encore une fois ! et une dernière fois !

Tout à coup, le grain de blé posa la tête sur le rebord du lit et s'endormit paisiblement. Il dormit, et dormit, et dormit.

Le lutin domestique resta planté là, ne sachant que faire. – Si je lui chatouillais la plante du pied, peut-être se réveillerait-il ?

Peine perdue, le grain de blé continuait à dormir.

– Et maintenant, que faire, soupira le lutin, croisant les mains sur ses genoux.

– Mais qu'ai-je dans la tête ? s'écria-t-il tout à coup en se frappant le front. Dès la tombée du soir, il prit le grain de blé et il courut vers le jardin. Le grain roula entre deux mottes de terre et poussa un soupir de contentement :

– Alors, c'est le printemps ?

– Mais oui, répondit le lutin qui exultait de joie en voyant que le grain de blé avait fini par s'éveiller.

LA GALETTE

VOYAGEUSE

Il était une fois un petit vieux et une petite vieille. Un jour, le petit vieux demanda à sa femme : — Je t'en prie, fais-moi une galette.
— Une galette, une galette, c'est vite dit. Mais avec quoi ? Nous n'avons plus de farine.
— Mais voyons, grand-mère, va gratter au fond du grenier, balaie toutes les huches, tu en trouveras bien quelques poignées.
La vieille fit comme il disait : elle alla gratter et balayer tout le grenier et trouva deux poignées de farine. Elle fit de la pâte avec un peu de crème, roula une jolie galette, la fit cuire au beurre et la posa sur la fenêtre pour qu'elle refroidisse.
Mais la galette s'ennuyait sur le rebord de la fenêtre. Elle roula dans l'herbe, arriva jusqu'au chemin et se sauva. Elle rencontra un lapin qui lui dit : — Galette, galette, je vais te manger.
— Ne me mange pas petit lapin. Écoute plutôt ma chanson :
Je suis la galette, la galette.
Je suis faite avec du blé
Ramassé dans le grenier
A la crème préparée
Tout au beurre bien dorée.
On m'a mise à refroidir
Mais j'ai mieux aimé courir !
J'ai échappé au grand-père
J'ai échappé à la grand-mère
Et toi petit lapin, tu ne m'auras pas non plus !
Et la galette partit en roulant sur le chemin, si vite que le lapin n'eut même pas le temps de dire ouf. Elle roula jusqu'à la forêt. Sur le sentier, elle rencontra un loup gris qui lui dit :
— Galette, galette, je vais te manger !
— Ne me mange pas, loup gris. Écoute plutôt ma chanson. Et la galette chanta la chanson qu'elle avait chantée au lapin. Puis elle disparut si vite que le loup eut à peine le temps de dire ouf.
Elle roula et roula sur le sentier et rencontra un ours qui avançait en faisant craquer les brindilles du chemin et en écrasant les broussailles sur son passage : — Galette, galette, lui dit-il, je vais te manger !
— Toi, me manger, gros balourd ? Écoute plutôt ma chanson ! Et de rechanter la même chanson qu'au lapin et au loup. L'ours baissa l'oreille et la galette continua son chemin.
Voilà qu'elle rencontre le renard : — Bonjour, petite galette, que tu es belle, que tu es bien dorée !
Ravie de tant de compliments, la galette chanta au renard la chanson qu'elle avait chantée au lapin, au loup et à l'ours. Le renard écoutait tout en avançant à pas feutrés.
Quand la galette eut fini sa chanson, le renard dit : — Elle est bien jolie, ta chanson. Mais, malheureusement, je suis déjà bien vieux et un peu dur d'oreille. Viens donc t'asseoir au bout de mon museau et chante-la une autre fois.
Toute heureuse de se voir admirée, la galette vint s'installer sur le museau du renard et commença à chanter : — Je suis la galette, la galette...
Et le renard ouvrit la gueule et n'en fit qu'une bouchée.

Vous voyez bien que ces images ne sont pas tout à fait pareilles. Mais arriverez-vous à trouver entre elles cinq différences ?

Une aiguille sans fil ne sert pas à grand-chose. Il en va de même pour les objets de cette illustrations. Arriverez-vous à les grouper deux par deux ?

LAQUELLE EST DÉJÀ RÉPARÉE ?

Pour l'instant, l'horloger n'a réparé qu'une horloge. Devinez laquelle.

DIABLE ET DIABLOTIN

NOUS SOMMES COINCÉES! LES CHATS JOUENT AU PING-PONG!
OH ! LA BALLE A ROULÉ DANS LE TROU!
J'AI UNE IDÉE!
AVEC CES CASQUES, NOUS SOMMES INVULNÉRABLES

MARS

LE RÉCIT DE MARS

commence par une question : avez-vous vu, de vos yeux, un perce-neige ou une nivéole ? Mais non, ce n'est pas du tout la même chose. Regardez le soleil malicieux qui guette la réponse. Il a coiffé ses rayons d'or pour ressembler à un bélier de légende et il invite tous les êtres à se lever pour commencer à vivre. Mars, premier mois du printemps, envoie les giboulées et les derniers flocons, mais le blanc perce-neige et la nivéole tachetée de soleil ne les craignent pas. Ils fleurissent malgré la rigueur du temps. C'est le moment où les enfants préparent et confectionnent des poissons d'avril.

Les perce-neige et primevères
Guettent la fin de l'hiver.
Pointant le nez
hors de son trou,
La taupe salue l'arrivée
du printemps.

COMMENT LA GRAINE DEVINT ARBRE

Il était une graine, pas plus grosse qu'une note de musique, dure comme une noisette.

– Je vais la planter et nous aurons une fleur, dit la fillette en apportant un pot empli de terre. Elle plante la graine, l'arrose, l'arrose encore. Enfin, la graine pousse. La pousse n'est pas plus haute que le petit doigt et personne n'imagine ce que cela peut être.

– Il faut attendre qu'elle fleurisse, dit la petite fille. Si la fleur est jaune, c'est un coucou, si elle est rouge, c'est un coquelicot et si elle est bleue, un bleuet. La tige, enfin, bourgeonne. Les bourgeons s'ouvrent, mais ils ne sont ni jaunes, ni rouges, ni bleus. Ils sont verts et ils piquent.

– Ce n'est pas un coucou, c'est un hérisson, constate la petite fille désappointée.

– Un hérisson ? C'est un arbre plein d'aiguilles, lui fait remarquer son frère.

– Et qu'est-ce que ça peut faire ? rétorque la petite fille d'un ton sec. Moi je l'aime quand même et je vais le soigner comme il faut.

En entendant ces paroles, la plante se gonfle de joie et se met à pousser comme un champignon.

– Voyons qui sera le plus grand, dit la petite fille le jour où elle part à l'école pour la première fois. Donc, les parents les mesurent : à l'automne, en hiver, au printemps. Quand arrive l'été, ils ne peuvent plus mesurer : la plante est dvenue un arbre qui envahit la pièce.

Alors, la mère s'inquiète : – Ta plante est en train de nous envahir !

Et le père, efficace, emprunte un livre

sur les plantes. Il commence à le lire, le feuillette, puis s'exclame : – C'est un cèdre du Liban. Un arbre énorme. Il va démolir la maison. Et il court à la cave chercher sa hache.

– Non, je ne veux pas, dit la fillette. Si l'on coupe un arbre, on le tue. Plantons-le plutôt dans le jardin : là il sera content.

– Mais il ne passera même pas par la porte, disent les voisins.

– Nous trouverons bien une solution, argue la petite fille.

Ainsi l'arbre fut-il planté dans le jardin.

– Voilà, et maintenant je vais te mesurer avec la maison, décide la fillette. Elle grimpe à l'échelle pour tracer un trait sur le mur. Ainsi mesure-t-on l'arbre tous les cinq ans.

Entre-temps, la petite fille se marie et devient mère de sept enfants. Pour que

l'arbre ne soit pas obligé de se pencher, on ajoute un étage à la maison. Le soir, il leur dit bonne nuit en agitant ses branches. Et il continue à pousser comme un champignon.
– Il est trop grand pour nous. Regardez, nous avons l'air de véritables fourmis à côté de lui, dit la petite fille. Entre-temps, elle est devenue grand-mère. Elle a vingt et un petits enfants. Des filles et des garçons qui crient à qui veut les entendre : – C'est très bien d'avoir un arbre gardien. On le voit de partout, on ne se perd jamais, on retrouve toujours le chemin de la maison.
Et la petite fille-grand-mère soupire :
– Et oui ! Qui aurait pensé ça de lui ? Il n'était pas plus gros qu'une note de musique !

ON A PERDU MATTHIEU

Jeannot lapin et sa femme Toinette avaient dix enfants. Tous les soirs, avant d'aller au lit, Jeannot les faisait mettre en rang et les comptait.

Un soir de mars, alors qu'il recomptait ses lapereaux : – Un, deux, trois, quatre, cinq, six, sept, huit, neuf... Toinette, j'ai dû me tromper. Viens recompter ces galopins !

– Un, deux, trois, quatre, cinq, six, sept, huit, neuf... C'est Matthieu, Il manque Matthieu, murmura Toinette.

Alors Jeannot se précipita dans la nuit et il chercha Matthieu partout où ils étaient passés ce jour-là. Il appela de tous côtés, en vain. Désespéré, il s'assit un moment sur une souche et se mit à réfléchir en soupirant d'inquiétude. Tout à coup, un petit tas de terre s'enfla juste devant ses pieds. C'était Francette, la taupe, qui sortait de terre. Au moment même, on entendit un froissement d'ailes, une ombre passa au-dessus de Jeannot, et un hibou se posa lourdement dans l'herbe et s'écria d'une voix rauque : – Je te tiens, la taupe ! Ses griffes retenaient la taupe par la peau du cou et il étendait déjà ses lourdes ailes pour s'envoler.

Jeannot se dressa d'un bond et tapa du pied le plus fort qu'il put.

– Ça alors ! Quelle audace ! Veux-tu laisser cette taupe ! s'écria-t-il avec courage. Le hibou prit peur, lâcha la taupe et disparut dans la nuit.

– Je te remercie, mon ami, tu m'as sauvé la vie. Comment te remercier ?

– Tu ne peux rien pour moi. J'ai perdu mon fils Matthieu. Un petit rouquin avec une queue blanche. Je l'ai cherché partout.

La taupe se gratta la tête d'un air pensif. Puis elle grommela : – Hum, hum. Je peux tout de même tenter quelque chose. Attends-moi là. Elle ouvrit le sommet de la taupinière d'un coup de patte et disparut sous terre.

Tandis que Jeannot sautillait d'impatience près de la souche, la taupe souffla un bon coup pour dégager les galeries souterraines ; elle prit son souffle et cria si fort que les racines en furent ébranlées : – Ici la taupe Francette. Écoutez-moi, les taupes. On a perdu un petit lapin, un petit rouquin à queue blanche qui s'appelle Matthieu.

– Il n'est pas là, pas là, pas là, répondirent des voix de toutes parts. Soudain, une petite voix lointaine arriva jusqu'à la souche : – Ici la taupe Cyrille, du jardin au-delà de la rivière. Un petit lapin est blotti dans la clôture sous les framboisiers. Il pleure parce qu'il est perdu. Et il a la queue blanche...

Jeannot démarra comme une flèche. Il traversa la prairie, se prit le pied dans une racine et tomba juste sur la rive, non loin d'un pêcheur. Il se releva, avança de quelques pas, trempa le bout de sa patte dans l'eau et il se lamenta : – Comment pourrais-je traverser, moi qui ne sais pas nager ?
– Je veux bien te faire passer, dit une faible voix juste à ses pieds. Mais pour cela, tu dois d'abord me délivrer.
Jeannot regarda sous la rive. Que vit-il ? Une grosse carpe prisonnière entre les mailles d'un filet. Il défit le nœud et la carpe retrouva la liberté.
– Saute sur cette planche, lança-t-elle à Jeannot. Le lapin obéit et la carpe lui fit traverser la rivière, comme sur un radeau. Derrière un grand érable, Jeannot se glissa dans le jardin par un trou dans la clôture. De l'autre côté, il trouva Cyrille qui lui indiquait de la patte le fourré de framboisiers.
– Matthieu ! s'écria Jeannot.
– Papa ! hoqueta Matthieu tout surpris, en se jetant au cou de son père.
Ils remercièrent Cyrille la taupe et regagnèrent le bord de la rivière. Ils remontèrent sur la planche et la carpe les fit traverser à nouveau.
Maman Toinette et les neuf lapereaux les attendaient de l'autre côté de la rive. Il y eut tellement d'embrassades que Jeannot et Matthieu faillirent mourir étouffés. Puis, Francette demanda à Matthieu comment il avait réussi à traverser la rivière.
– Quelque chose de fort m'a saisi par la fourrure et m'a emporté dans les airs. Tout à coup, quelqu'un a crié en bas : « Je te tiens ! » Les griffes ont lâché prise et c'est ainsi que j'ai été parachuté dans les framboisiers.
– C'était sûrement le hibou, dit Francette. Mais qui a pu crier si fort ?
– C'était sans doute le pêcheur, dit Jeannot en souriant. Au moment où il a pris la carpe.

LA BASSE-COUR

Chacun fête le printemps à sa manière. La poule pond un bel œuf et caquète à la ronde. « J'arrive ! » crie le chien, en apportant une brassée de brins d'osiers. « C'est

à moi-oi-oi ! » bêle le chevreau, bondissant vers le chien. Mais le chien cache en hâte son fardeau derrière la niche. Il tressera les brins d'osier. Avec les plumes de sa queue

EN FÊTE

multicolore, le coq décore les œufs de Pâques. Il les dépose doucement dans l'herbe neuve, parmi les pâquerettes. Le long de la clôture, un lapin court, une crécelle à la

main, et crie au monde entier : « Joyeuses Pâques ! »

PIERROT AU PAYS DES GÉANTS

Un soir qu'il s'était endormi comme d'habitude après avoir souhaité une bonne nuit à ses parents, Pierrot eut la surprise et l'angoisse de se réveiller dans un lit de géant, situé au milieu d'une chambre immense.

Prenant alors son courage à deux mains, il décida d'élucider cet inquiétant mystère. Non sans peine, il se laissa glisser à terre en se retenant à la couverture, traversa la pièce et, se faufilant entre les deux battants de la porte, se retrouva sur le perron. Il descendit une à une les marches d'un escalier monumental, ce qui, vu les cirsonstances, constituait un exploit digne d'un alpiniste. Il prit alors un chemin très, très large, bordé de fleurs qui lui semblaient des arbres séculaires. Ce paysage lui rappelait la forêt vierge qu'il avait vue dans son livre d'images.

Pierrot avançait toujours vaillamment, contournant les flaques d'eau, escaladant les hauteurs, s'enfonçant dans les rigoles. Il était déjà très fatigué quand il vit s'avancer au milieu de la route comme une sorte de colonne. Il sentit son cœur se serrer, mais la colonne s'immobilisa. Alors, il faillit heurter ce qui se révéla un énorme sabot. Il leva la tête et découvrit, au-dessus du sabot, une patte de vache, et puis, plus haut encore, une vraie tête de vache qui se penchait vers lui.

— S'il te plaît, pourrais-tu me porter ? Ma maison est encore éloignée. J'ai mal aux pieds. Et puis, le terrain ne me paraît pas sûr, ajouta-t-il d'une voix hésitante.

— Monte ! lui proposa la vache, en le regardant gentiment.

Alors, Pierrot entreprit l'escalade. Il peina et souffla, en s'accrochant aux poils de l'animal, mais il ne renonça pas avant d'avoir atteint son oreille où il s'installa fièrement.

La vache reprit sa marche. Pierrot ressentit un léger vertige, mais il n'en admira pas moins les monts et les vallées, les touffes d'herbe et le miroir de l'eau. Tout cela défilait à ses pieds, dans les profondeurs. Soudain, la vache meugla joyeusement, saluant un paysan de stature gigantesque, son maître. Celui-ci éclata de rire à la vue de Pierrot.

— Qui es-tu ? D'où viens-tu ?

— Du pays des hommes où tout est fait juste à ma taille. Je me suis sans doute égaré dans mon sommeil. Connais-tu par hasard le chemin du retour ? demanda Pierrot avec un fol espoir.

— Non, je n'ai jamais entendu parler d'un pays pareil, répondit le paysan, saisissant avec précaution le garçonnet.

Blotti dans la paume calleuse, il se sentait tout à fait à son aise. Puis, il partit en excursion, sautant d'un doigt à l'autre. Après tant d'émotions, il eut bientôt faim. Quand il le dit au paysan, celui-ci, attendri, tira de sa bourse une pièce de monnaie et montra au garçon le chemin de l'épicerie. C'était une monnaie de géant. Pierrot dut la pousser devant lui comme un cerceau. Heureusement, la porte du magasin était ouverte. Il entra et salua de sa petite voix flutée. L'épicier, étonné, se pencha par-dessus le comptoir, cherchant le client invisible. Quand il le découvrit, lui aussi éclata de rire :

— Que désires-tu, mon bonhomme ?

— Si vous pouviez me donner quelque chose à manger et à boire, j'ai faim et j'ai soif, demanda poliment Pierrot.

L'épicier se baissa et ramassa la pièce de monnaie que le garçon n'aurait pu soulever, puis il rangea dans un panier des croissants, des fruits et une bouteille de limonade. Pierrot s'en saisit résolument et se dirigea vers la porte. Au premier pas, il croula sous le poids.

Le choc fut terrible : il se réveilla... au pied de son lit. Avec un soulagement intense, il courut rejoindre sa maman qui était en train de préparer, pour toute la famille, un petit déjeuner à taille humaine.

Maman a vu des jouets dans la vitrine. Elle est entrée dans le magasin pour en acheter trois. Combien de temps vous faudra-t-il pour trouver quels jouets se cachent dans son paquet ?

Ces chiens ont perdu leur niche. Aidez-les à la retrouver. Dessinez ensuite pour votre maman le chien qui habite dans la niche jaune et elle vous dira si vous ne vous êtes pas trompés.

DIABLE ET DIABLOTIN

VENEZ JOUER AUX BILLES
ATTENDS. ON VA DÉJEUNER
IL MANQUE LE PAIN
JE VAIS CHERCHER LE SEL
J'APPORTE LES PETITES CUILLÈRES
QUI A MANGÉ NOS ŒUFS?

AVRIL

LE CONTE D'AVRIL

est lumineux et plein de joie à l'image du lundi de Pâques. Le soleil s'élève dans le ciel et se réjouit de voir les œufs de Pâques colorés. Un moment, il joue à être le plus gros jaune d'œuf du monde. Mais la grenouille verte rêve de sauter jusqu'à lui pour en croquer une parcelle. A cette époque, le soleil chauffe presque comme en été. Pourtant, il faut être prudent : avril est le mois des orages et de la pluie glacée : mieux vaut jouer avec les gouttes d'eau en les dessinant sur une feuille de papier que d'aller s'ébrouer sous la gouttière !

Le soleil descend
vers l'horizon.
Au son des grenouilles,
Moustiques, bourdons
et moucherons
Dansent des sarabandes
endiablées.

LE PORC-ÉPIC QUI VOULAIT JOUER

Il était une fois un petit porc-épic qui avait envie de s'amuser. Tellement envie qu'il en avait les larmes aux yeux.

– Mais avec qui pourrais-je m'amuser ? disait-il en pleurant avant de se mettre en route. Il marcha, marcha, et rencontra un petit chien.

– Petit chien, viens jouer avec moi, le supplia le porc-épic.
– Je ne veux pas jouer avec toi, tu piques, répliqua le chiot et il détala à toutes pattes.
– Alors, avec qui pourrais-je jouer ? se lamenta le porc-épic amèrement. Il marcha encore et rencontra un petit chat.

– Petit chat, viens jouer avec moi, lui demanda le porc-épic.
– A quoi veux-tu jouer ?
– Par exemple, aux voitures.
– Oh non, je ne joue pas à ces jeux-là, miaula le chaton et il fila à toute allure. Le porc-épic se mit à pleurer. Il s'assit sur le bord du chemin et ses larmes coulaient à flot.

Un petit hérisson vint à passer par là.
Il dit au porc-épic :
– Porc-épic, viens jouer avec moi.

– Mais, moi, je pique, dit le porc-épic en sanglotant.
– Et alors ? Moi aussi, je pique, répondit le hérisson.

– Mais j'ai envie de jouer aux voitures, moi, lança le porc-épic dans un sanglot.
– Moi aussi. Et même aux voitures de course quand elles vont très vite.
– Oh, s'écria le porc-épic. Alors, attends-moi, j'arrive.
Et ils partirent jouer ensemble.

LES PANTOUFLES DE BABETTE

Un beau jour, pendant que je me promenais, je rencontrai Babette.
– Mes pantoufles sont trouées, me dit-elle. Regarde : de quoi ai-je l'air ? Aussi, maman veut les jeter et m'en acheter d'autres. Mais moi, je ne veux pas. Je veux garder les vieilles. Tu comprends ?
Je regarde les pantoufles. Ce n'est pas qu'elles soient tellement usées mais, percées de ci, percées de là, on dirait qu'elles tombent en lambeaux. On dirait même qu'elles ne tiennent plus aux pieds.
– Ta maman a raison, lui dis-je. Tes pantoufles ne tiendront plus longtemps, ma jolie.
Et Babette de répondre : – Tu n'as qu'à me les réparer. Dis-moi que tu veux bien. Oui, dis-le moi !
Alors je me mis au travail. Mais il ne faudrait pas s'imaginer que le travail se fit tout seul. D'abord, j'allai dans un magasin, acheter un peu de tissu pour poser des pièces sur les trous.

– J'en voudrais, dis-je à la vendeuse, un très petit morceau par-ci, un petit bout par-là, encore un petit carré là... Pour tout vous dire, il m'en faudrait un tout petit morceau.
Mais la vendeuse ne voulait pas m'entendre : – Un tout petit morceau ? Un tout petit morceau ? Mais nous ne vendons pas de tout petits morceaux, madame. Où irions-nous ? Je le regrette bien, mais ce n'est pas possible.
Alors je ressortis du magasin, me demandant : « Comment réparer ces pantoufles ? » Je me mis à réfléchir et, tout en réfléchissant, j'arrivai au bord d'un pré verdoyant où broutaient des

chèvres. Aux abords du chemin, se trouvait un buisson auquel était accroché un cheveu. A mieux y regarder, il ne s'agissait pas d'un cheveu, mais d'un long poil de barbiche de chèvre. Si je le prenais, je pourrais m'en servir comme d'un fil pour repriser les pantoufles de Babette. Je m'en saisis et, arrivée à la maison, je le passe et repasse à la manière d'un tissage. Les pantoufles ont maintenant fière allure.

Je les exhibe sous les yeux de Babette qui veut absolument les essayer.
Je regarde ses pieds, sa démarche. Mais, tout à coup, horreur ! Dès que Babette avance, elle ne lève plus les pieds, et l'herbe disparaît sur son passage comme si l'on passait une tondeuse. Les pantoufles broutent l'herbe, comme des chèvres le feraient !
– Babette, ma jolie, il faut te déchausser. Nous trouverons une autre solution.
Au détour d'une promenade, nous découvrons une plume de canard. Fera-t-elle l'affaire ? Je m'y mets.
Mais à peine Babette a-t-elle chaussé les pantoufles, qu'elle glisse vers la mare sans hésiter. Comme un canard.
Babette en convient elle-même :
– Nous n'avons pas trouvé la solution idéale. Je suis trempée. Et si nous essayions avec les poils du chat ? Il aime le sec, il reste à la maison.
J'opère une troisième tentative.
Au bout de trois jours, Babette vint me voir, disant : – Cette fois, mes pantoufles ne veulent courir que la nuit et elles passent la journée installées à la chaleur du poêle.
Que faire ? J'essaie avec le fil des toiles d'araignée, mais les pantoufles alors emprisonnent les mouches. Avec des soies de porc, elles vont patauger dans la boue. Tirant Babette par la main pour la sortir de là, je reçois sur le nez une plume de moineau. De guerre lasse, je recommence à réparer les pantoufles avec la plume de moineau. Babette est ravie. De quoi se plaindrait-elle ? Elle ne marche plus, elle volette à la manière des moineaux, fait trois petits sauts, hop, hop, hop et tout à coup, elle s'envole.
Si Babette est contente, je suis inquiète malgré tout : si elle allait piailler comme un moineau ? Ou picorer avec les poules ?
La maman de Babette trouva la solution. Elle acheta de nouvelles pantoufles, tout en laissant Babette s'amuser avec les vieilles en plume de moineau seulement le dimanche. Et ce jour-là, elle l'attache par la jambe avec une ficelle : la ficelle est très longue. Babette finit toujours par retrouver le chemin de la maison.

UN OURS EST UN OURS

Mère ourse construisait pour son petit un château de cubes multicolores. Elle posa le dernier cube tout doucement au sommet du château. Et, très heureuse, admira son chef-d'œuvre. L'ourson vint regarder cette splendeur d'un peu plus près. Mais, en passant, sa patte accrocha la première rangée. Et tout le château fut par terre.

– Sur ma tête d'ourse, tu es un véritable éléphant, mon garçon ! dit l'ourse en joignant les pattes.

– Moi ? Un éléphant ? demanda l'ourson étonné.

– Oui, un véritable éléphant !

L'ourson courut vers la forêt en criant à tue-tête :

– Je suis un éléphant ! Entendez-vous ? Un éléphant ! Et il courait à vive allure.

Tout à coup, il se trouva dans la clairière où un grand cerf était en train de paître. L'ourson fonça droit sur lui et il le percuta à s'ébranler toute la tête.

– Tu ne vois donc pas que je suis un éléphant ? Tu ne peux pas te pousser un peu ? cria l'ourson irrité.

– Espèce de nounours, répondit le cerf en riant. Tu n'es qu'une petite boule. Et il le poussa gentiment du bout du museau.

– Alors, je ne suis pas un éléphant ? demanda l'ourson déçu.

– Mais non, et heureusement pour toi, répondit le cerf. Tu ne trouverais pas une seule mère éléphant dans toute la forêt.

– Il a raison, se dit l'ourson en repartant à toutes jambes. Et il arriva chez sa mère lui annoncer qu'il n'avait jamais été un éléphant, mais qu'il était son petit ours.

CLAIRE ET CLOVIS

Prêtez-moi attention : je vais vous conter une histoire, vous la répéterez ensuite.

Il était une fois une petite fille qui s'appelait Claire. Claire avait un lapin qui s'appelait Clovis. Claire appelait Clovis : – Clovis ! Et Clovis répondait : – Clairette ! Clairette ! Joue-moi un air de clarinette. Si tu m'en joues je t'offrirai une clochette.

Mais Clairette répondait à Clovis :

– La clochette est à moi. Clochette est mienne. Je l'ai perdue dans l'herbe.

– C'est moi qui l'ai trouvée, répondait Clovis. Et si je la gardais au lieu de te la rendre.

– Tu garderais ma clochette et tu serais un voleur, lui disait Claire. Mais, comme elle était gentille, elle prenait la clarinette et lui jouait un air : « Tut, tut, tut, ti, ti, tut. »

– Puisque tu as bien voulu me jouer un petit air, je vais te montrer comment je sais danser. Et je te rendrai ta clochette pour rien, parce que c'est quand même la tienne. Il rendit la clochette et se mit à danser. Il tapait du pied, secouait ses oreilles, tournoyait sur lui-même, sautait et bondissait, si bien qu'il heurta Claire et la clochette roula dans l'herbe.

Et savez-vous qui la trouva ?

Une fois encore, Clovis la trouva. Il appela : – Clairette, Clairette, joue-moi un air de clarinette. Si tu m'en joues, je t'offrirai une clochette.

Clairette répondit : – La clochette est à moi. Clochette est mienne, je l'ai perdue dans l'herbe.

Mais comme elle était gentille, elle prit encore la clarinette et lui joua un air : « Tut, tut, tut, ti, ti, tut. »

– Puisque tu as bien voulu me jouer un petit air, je vais te montrer comment je sais danser. Et je te rendrai ta clochette pour rien, parce que c'est quand même la tienne. Il se mit à danser. Il tapait du pied, tournoyait sur lui-même, sautait et bondissait, tant et si bien qu'il heurta Claire et la clochette roula dans l'herbe.

Et savez-vous qui la trouva ?

Quant à la suite, vous pouvez déjà bien la raconter tout seuls.

LA BIQUE

ET SES BIQUETS

Il y avait une fois une bique qui avait trois petits biquets. Un jour, le repas terminé, elle leur dit :
— Mes petits biquets, aujourd'hui je dois aller en ville à la foire. Si quelqu'un vient frapper, n'ouvrez pas. Ce pourrait être le loup et il vous mangerait.
Les biquets promirent qu'ils n'ouvriraient à personne et mère bique partit à la foire.
Au bout d'un moment, quelqu'un vint frapper à la porte : boum, boum, boum et cria d'une grosse voix : — Petits biquets, ouvrez-moi la porte !
Les biquets eurent très peur, mais ils répondirent :
— Oh non, tu n'es pas notre maman. Notre maman a la voix aussi fine qu'un cheveu de demoiselle. Nous ne t'ouvrirons pas.
Ils avaient raison, c'était le loup. Le loup courut chez le forgeron et lui dit : — Forgeron, lime-moi un peu la langue.
Le forgeron lui installa la tête sur l'établi et lima la langue tant et plus. Il en lima une bonne moitié et le loup repartit chez les biquets. Il s'arrêta au portail et cria, d'une voix un peu plus fine : — Petits biquets, ouvrez-moi la porte.
Et les biquets de répondre : — Oh non, tu n'es pas encore notre maman. Notre maman a la voix fine comme un cheveu de demoiselle.
Pris de colère, le loup retourna chez le forgeron et lui dit : — Lime-moi davantage la langue.
Le forgeron prit sa pince, il tira la langue du loup et lima encore tant et plus, si bien qu'il ne resta plus au loup qu'un tout petit filet de langue. Le loup revint donc au portail. Il frappa une troisième fois en disant d'une voix toute fine : — Petits biquets, ouvrez-moi la porte.
Et les biquets de répondre : — Oui, cette fois ce pourrait être la voix de notre maman. Mais montre-nous ta patte.
Alors, le loup passa une de ses pattes par la fenêtre. Dès que les biquets l'eurent aperçue, ils éclatèrent de rire. Tout en riant, ils dirent au loup : — Tu ne nous tromperas pas ainsi. Notre maman a une jolie patte bien blanche, pas cette horreur griffue. Tu es sûrement le loup.
Furieux, le loup repartit dans la forêt. A peine s'était-il éloigné que la biquette revenait de la foire avec son baluchon. Elle frappa au portail et cria : — Petits biquets, me voilà, venez m'ouvrir la porte ! Les biquets reconnurent immédiatement la voix de leur maman, ouvrirent le portail et se précipitèrent à sa rencontre. Ils lui dirent : — Petite maman, nous sommes heureux de te voir. Nous avons eu la visite du loup. Et ils lui racontèrent leurs aventures.
La bique les félicita de leur prudence, puis elle ouvrit son baluchon et leur distribua des friandises : croissants, gâteaux, noix, bonbons et tout le monde était heureux. Lorsqu'ils eurent bien mangé, ils commencèrent à danser.

Il était une fois des habitants qui voulaient construire une ville différente des autres. Ils réfléchirent longuement et voici la ville qu'ils inventèrent.
A vous de repérer les différences.

Aujourd'hui, il pleut. Quelles sont les deux gouttes tout à fait identiques ?

DIABLE ET DIABLOTIN

TU SAIS! IL PARAÎT QU'ON VA CONSTRUIRE DES VILLES SOUS L'EAU
SORNETTES!
ÇA? UN POISSON!
DÉCI-DÉMENT!
BIZARRE! ON JURERAIT...
...QUE LA RIVIÈRE EST HABITÉE

MAI

LE CONTE DE MAI

tourne autour du soleil. Sous la chaleur de ses rayons, les arbres se transforment en immenses bouquets et, dans les prairies, au bord des champs, dans les jardins, les pissenlits renvoient l'image de soleils en miniature. La Belle au Bois Dormant n'est plus couchée sous les buissons en fleurs, depuis longtemps son prince est venu la chercher. Retrouvez leur histoire pour la conter au mois de mai, aux trèfles à quatre feuilles qu'on trouve dans les livres ou bien cachés dans les pelouses.

Les bourgeons en fleurs
Font espérer le miel.

POURQUOI LE SOLEIL NE S'EST PAS LEVÉ DERRIÈRE LA COLLINE

La nuit est déjà tombée, mais Monsieur Baba n'arrive pas à s'endormir. Il ne cesse de penser à la petite fille du premier étage, celle qui a mal aux dents. Tout à coup, il entend du bruit dans l'entrée. Une voix l'interpelle :
– Monsieur Baba, vous avez un joli nom tout rond et tout doré. Voulez-vous bien m'ouvrir votre porte ?
Baba saute du lit et entrebâille la porte avec circonspection. Derrière la porte, il ne voit que du noir. « J'ai dû rêver », se dit Monsieur Baba.

Soudain, dans cette grande obscurité, une petite lueur apparaît. Et, aussitôt, la lumière se fait si vive que Baba doit se couvrir les yeux. Pris de curiosité, pourtant, il entrouvre ses doigts et que voit-il ? Le soleil qui suspend sa cape noire au porte-manteau.
– Que venez-vous faire ici ? lui demande Baba.
– Rien de particulier, lui répond le soleil en riant. Je suis toujours en vacances depuis le soir jusqu'au matin. J'ai pensé faire un tour sur la terre et

j'ai choisi votre maison, Monsieur Baba, car vous avez un joli nom tout rond.
– Asseyez-vous, lui dit Baba.
Le soleil prend une chaise et Baba s'assied en face de lui. Ils sont là, se regardent comme des étrangers. Baba hésite à lui offrir un peu de thé, une tasse de café. Il ose à peine lui poser la question. Déjà le soleil parle : – Mais, dites-moi, Monsieur Baba, quelles sont les nouvelles chez vous ?
Baba commence à réfléchir. Soudain sa tête est vide. Il ne voit rien et se tait. Puis une idée lui vient : – Au premier étage, la petite Thérèse a mal aux dents.
Le soleil hoche la tête : – Et si nous allions lui rendre visite, Monsieur Baba ?
Ils grimpent l'escalier jusqu'au premier étage. Le soleil frappe à la porte, si doucement que Thérèse est seule à entendre. Elle vient ouvrir la porte, en versant quelques pleurs.
– Ne pleure pas, retourne te coucher, dit le soleil.
Baba se poste près de la porte pour faire le guet. Il ne faut pas que le soleil se laisse surprendre. Le soleil s'assied sur le bord du lit et fait un grand sourire à la petite fille. D'abord le soleil caresse sa joue gauche.
– Ce n'est pas là, dit Thérèse.
Et puis, sa joue droite; c'est là exactement. Plus le soleil sourit, moins la dent fait souffrir. A la fin, la petite fille ne sent plus la douleur. Le soleil se lève alors et dit : – Voilà un intermède très utile.
Dans l'entrée, le soleil s'enveloppe dans sa cape noire pour ne pas effrayer les chats sur les toits et les astronomes dans les observatoires et se prépare à regagner le ciel.
Monsieur Baba, entre-temps, a tiré sa

montre de sa poche. Il la regarde et lui fait remarquer : — Vous êtes resté un peu trop longtemps chez Thérèse. Vous devriez vous lever en cet instant précis. Le soleil réfléchit un bref moment, ouvre la porte, puis il sort dans la rue.
Ce jour-là, le soleil ne s'est pas levé derrière la colline, mais droit devant la porte de la petite Thérèse.

LE JARDIN QUI N'AVAIT QU'UNE TULIPE

– Je vais acheter un bleu, dit, sur le pas de la maison, la petite Alice à son amie Hélène qui lui demande où elle va.
– Quel bleu ? demande Hélène.
– Je finis toujours le bleu avant les autres, explique Alice en guise de réponse.
Les deux fillettes marchent donc de conserve vers la papeterie, en prenant le chemin des jardins. Cela ne veut pas dire qu'elles escaladent les clôtures, mais elle choisissent de longer des maisonnettes et leur jardin.
A la papeterie, il faut faire la queue.
– Nous voudrions du bleu, s'écrient les fillettes en chœur lorsqu'enfin leur tour vient. La vitre du comptoir laisse voir une foule de tiroirs pleins de taille-crayons, de crayons, de cahiers, de carbones et de mille autres objets. On pourrait constituer un fameux trésor avec tous ces objets, se dit Alice. Mais déjà Hélène la bouscule : – Dépêche-toi, viens, nous partons.
Et les fillettes longent les jardins illuminés de fleurs printanières. Tout à coup elles aperçoivent, adossé contre une maisonnette minuscule, un jardinet très différent des autres : Il n'y pousse que de l'herbe et, toute seule au milieu d'un massif, fleurit une tulipe rouge. Elle est l'unique fleur du jardinet.
– Comme elle est rouge, s'exclame Alice, rose d'admiration.
– On a envie de la croquer, répond Hélène.
– Oui, mais nous n'avons que du bleu et pas de papier, gémit Alice qui est souvent perdue. Hélène, au contraire, ne renonce jamais facilement :
– J'ai mon cahier à musique, dit-elle en soupirant et en tirant du grand carton à dessin qu'elle porte sous le bras, son cahier à musique. Les fillettes ouvrent le cahier et le posent à plat sur la murette.
– Voilà qui est parfait, ajoute Alice. Nous n'avons même pas besoin de dessiner la clôture puisqu'il y a les portées.
Elles se mettent au travail et, en l'espace d'un soupir, une petite maison bleue dans une herbe bleue apparaît sur la page à musique. Au milieu du massif, trône une tulipe tellement bleue que le fait qu'elle ne soit pas rouge devient anecdotique.
– Vous l'avez bien réussie, leur lance un petit garçon venu regarder par-dessus leur épaule. Celui-là même qui, l'autre jour, au jardin public, leur prenait leur ballon.
Leur dessin terminé, les fillettes ravies de voir leur ennemi leur faire un compliment, essaient d'appeler la maison :
Sésame, ouvre-toi !
.... (pas de réponse)
Sésame, ouvre-toi-oi-oi ! reprennent-elles.

Alors la porte fait clic-clac. Une petite dame en tablier sort et, apercevant les enfants derrière la clôture, elle les interpelle : – Est-ce vous qui réveillez mon bébé ?

Les enfants expliquent qu'ils n'ont pas fait exprès de réveiller le bébé. A tout hasard, Alice lance : – S'il pleure trop, nous pouvons lui donner notre image.
Hélène renchérit : – Nous pouvons lui donner l'image même s'il ne pleure pas. Où est-il ?
– Dans son berceau, répond la petite dame. Il est encore tout petit.
– D'ailleurs ici, on n'imagine rien de grand, résume Alice.
– Pour le moment, il ne prend pas encore beaucoup de place, même s'il fait beaucoup de bruit. J'ai trop de travail. Il veut qu'on le promène, mais je n'ai pas le temps.
– Ça ne fait rien, les filles ne demandent que ça, ajoute le garçon.
– Tais-toi ! On ne t'a rien demandé, réplique Hélène sèchement. Et, se tournant gentiment vers la dame, elle lui dit dans un sourire : – Mais nous pouvons le promener.
La maman fait entrer les enfants dans la maison pour leur montrer le bébé. Couché dans son berceau, il joue avec ses mains. Il envoie un sourire à la ronde car, entre tout-petits, on se sourit dès la première fois.
– Il paraît que le bleu calme, dit le garçon. Et le bébé adresse un sourire au dessin.
Depuis ce jour, les fillettes se promènent le long des jardins en poussant le bébé dans son landau. Et, quand la tulipe rouge du jardin a laissé tomber ses pétales dans l'herbe verte, la tulipe bleue au-dessus du berceau conserve toujours son éclat par-dessus les cinq lignes de la clôture.

JE CHERCHE UNE FLEUR DE PISSENLIT...

Les tramways tintinabulent, les autos font tut-tut, les semelles des passants résonnent sur le pavé. Lorsqu'on marche tête baissée, on ne voit jamais le ciel bleu. Marguerite, lève la tête !

La rue s'arrête net comme si on l'avait coupée.
Devant toi, une muraille verte. Des arbres, des buissons. Un sentier. Un peu plus haut, de l'herbe verte, des arbres, des buissons encore. Tu te trouves face à une grande montagne verte, toute couverte d'arbres, de buissons et d'herbe.
Une forêt au cœur de la ville ? Un jardin enchanté au milieu d'une capitale ?
Marguerite est perplexe : est-ce vrai ? Est-ce faux ?
Comme elle tend la main en avant, une coccinelle vient se poser sur le bout de son doigt.
La place des coccinelles est dans un jardin !
Alors viens, conduis-moi, je me tresserai une couronne de pissenlits dorés.

– Voilà la punition pour ton pied-de-nez !
Vite, allons voir dans la glace qui se trouve à côté !
Serait-ce moi ?
Le miroir renvoie à Marguerite l'image d'un énorme ballon, rond comme un 0.

LE JARDIN DES MIROIRS ENCHANTÉS

Au cœur du parc, se trouve un labyrinthe de miroirs déformants.
Marguerite s'avance vers le premier miroir. Elle veut admirer sa jolie robe.
Mais que voit-elle ?
Son image lui fait peur.
Des jambes longues, longues, et maigres comme des ficelles. Les bras lui arrivent aux genoux. Ils sont longs, eux aussi, étirés comme des fils. Son corps, une allumette, son cou, une aiguille. La tête n'en finit pas. Tandis que Marguerite, épouvantée, regarde cette horreur qu'elle ne reconnaît pas, une voix lui parle. Une voix grave et chevrotante, comme celle des garçons quelquefois, quand ils jouent à cache-cache :

Et une voix connue commande d'un ton moqueur :
– Et maintenant, tire la langue !
Marguerite ferme les yeux devant cette honte. Comment tirer la langue à sa propre image !
Puis elle ouvre les yeux. Et qui voit-elle ? Son ami Pierrot qui rit à belles dents.

LE MAUVAIS SORT CONJURÉ

Il y avait un triste château et, dans ce château, un cuisinier qui aimait mieux dormir que cuisiner. A midi, il servait le petit déjeuner, le déjeuner arrivait vers le soir, le dîner était supprimé. Autour du château, le jardin jadis si bien entretenu qui embaumait mille parfums délicats, était peu à peu envahi par les ronces. Un sinistre augure semblait suspendu sur les lieux.

A l'époque dont nous parlons, seize ans s'étaient écoulés depuis le jour où la reine avait mis au monde une aimable fillette. Et comme c'est la coutume dans les familles royales, la nuit qui suivit la naissance de la princesse, trois fées se présentèrent devant le berceau. La première fit à la petite don de la beauté et la deuxième lui apporta la bonté du cœur. Mais la troisième fée, qui haïssait le roi et la reine, prédit à l'enfant que, le moment venu, elle se piquerait avec un fuseau et s'endormirait pour ne jamais se réveiller. Avec elle, devraient dormir ses parents et tous les gens du château.

Le roi et la reine avaient décidé de tenir secrète la prédiction de la mauvaise fée mais celle-ci finit malgré tout par filtrer, d'abord chuchotée parmi les domestiques, puis se répandant à travers tout le royaume. Les paysans des alentours se tenaient à distance du château, les serviteurs s'enfuyaient l'un après l'autre, sauf le petit cuisinier.

La jeune princesse menait une vie terne et retirée. Suivie de sa vieille nourrice qui avait pour tâche de protéger le moindre de ses pas, elle ne connut aucune distraction. Des bribes de conversation entre ses parents saisies par hasard, elle apprit enfin la raison de la tristesse qui pesait sur sa vie.

Un jour au début du printemps, lorsqu'elle traversait le jardin en compagnie de sa fidèle nourrice, le regard de la princesse tomba sur une branche d'églantier. Elle eut une illumination : Si elle se piquait avec une épine, peut-être tromperait-elle le destin et ne se piquerait plus avec le fuseau fatal. Elle surmonta sa peur et pressa son doigt sur la branche d'églantier. Le sang jaillit, la nourrice poussa un cri et tomba aussitôt dans un profond sommeil. L'arbrisseau tressaillit, ses branches se mirent à grimper sur le sol, couvrant tout le jardin. A grand-peine la princesse se sauva en courant vers le château rejoindre ses parents.

Encore tout effrayée, elle leur raconta l'événement. Le roi et la reine comprirent que leur fille était sauvée. Mais ils comprirent aussi que la prétendue nourrice ne pouvait être personne d'autre que la mauvaise fée elle-même pour avoir attiré sur sa propre tête la prédiction, détournée par la princesse.

La famille royale vécut désormais soulagée du grand poids qui l'avait oppressée pendant si longtemps, mais une barrière infranchissable d'églantiers encerclait le château, le séparant du monde extérieur. Les paysans continuaient donc à faire un détour pour ne pas s'approcher de l'endroit ensorcelé. Car ils croyaient que l'oracle était accompli.

Les mois passèrent. Vint l'été, puis l'automne et l'hiver. Dans les premiers jours du nouveau printemps, un prince étranger traversant la région, apprit l'histoire de la belle princesse. Brûlant du désir de voir le visage de la malheureuse jeune fille qu'il croyait endormie, il se fraya la voie, coupant avec son épée les branches d'églantiers.

Au plus épais des broussailles, il aperçut une forme humaine étendue par terre. En la contemplant, il ressentit la plus profonde déception. On lui avait affirmé que la princesse était belle mais il découvrait une vieille toute ridée et déplaisante. Cependant, en l'observant plus attentivement, il vit son corps se ratatiner et ratatiner, jusqu'à disparaître complètement. A l'instant même, un noir oiseau s'éleva vers le ciel en poussant des croassements désespérés, tandis que les églantiers reculaient du château comme une marée descendante. Et par une large allée bordée d'arbres et de fleurs, une splendide jeune fille s'avançait vers le prince en souriant.

Un mois plus tard, on célébra des noces magnifiques.

Ces enfants travaillent dans le jardin de l'école. Mais il y en a trois qui ne travaillent pas, dont un qui fait une bêtise. Trouvez-les et dessinez leur casquette.

CACHE-CACHE

Mais où sont passées mes lunettes ?

CACHE-CACHE

Le premier trèfle à quatre feuilles est pour votre maman, le deuxième pour votre papa, le troisième pour grand-mère, le quatrième pour grand-père. Vous pourrez garder le cinquième si vous le trouvez.

DIABLE ET DIABLOTIN

ALLONS EN PIQUE-NIQUE
QU'EST-CE QUE C'EST, MAMAN? ON Y VA?
JE N'EN PEUX PLUS! ARRÊTONS-NOUS ICI
POURQUOI MANQUE-T-IL LA MOITIÉ DU SAUCISSON?
LA GRANDE TENTE EST CELLE DES CHATS. MAIS D'OÙ SORT LA PETITE?
C'ÉTAIT BIEN MAIS JE SUIS ÉPUISÉ
QUELLES MAUVIETTES! NOUS SOMMES EN PLEINE FORME, NOUS!

JUIN

L'HISTOIRE DE JUIN,

tambourinée par le pic-vert et chantée par le rouge-gorge, se perd dans les sous-bois. Le soleil jette un regard curieux jusqu'au fond des forêts, il écoute tout ce qui vibre et réchauffe tout ce qui vit. Ses rayons glissent à travers les buissons pour colorer les fraises des bois que les enfants ramassereront au mois de juin : don du soleil et de la terre qui sera plus souvent savouré pendant la cueillette que rapporté à la maison.

Voici le mois de juin
Avec l'odeur des foins coupés.
Allons ramasser
des framboises.

LA MAISONNETTE

Il était une fois une maisonnette au milieu d'un champ. Arriva la souris Gratte-Menu. Elle appela : – Maison, maisonnette, caches-tu quelqu'un ? Personne ne répondit. La souris entra dans la maisonnette et s'y installa.

Arriva un jour Coa-Coa, la grenouille:
– Maison, maisonnette, caches-tu quelqu'un ?
– Oui, moi, la souris Gratte-Menu. Et toi, qui es-tu ?
– Je suis Coa-Coa, la grenouille.
– Si tu le veux, tu peux venir habiter avec moi.
La grenouille s'installa donc chez la souris et elles vécurent ensemble dans la maison. Un lapin arriva à petits bonds : – Maison, maisonnette, caches-tu quelqu'un ?
– Oui, nous, la souris, Gratte-Menu et la grenouille Coa-Coa. Et toi, qui es-tu ?
– Je suis Broute-Chou, le lapin.
– Viens donc vivre avec nous.
Et ils vécurent ensemble tous les trois.
Accourut un jour un bouc cornu :
– Maison, maisonnette, caches-tu quelqu'un ?
– Oui, nous, la souris Gratte-Menu, la grenouille Coa-Coa et le lapin Broute-Chou. Et toi, qui es-tu ?

– Je suis le bouc Cornedur.
– Viens donc vivre avec nous, toi aussi.
Ils étaient maintenant quatre dans la maisonnette au milieu du champ. Accourut un chien : – Maison, maisonnette, caches-tu quelqu'un ?
– Oui, nous, la souris Gratte-Menu, la grenouille Coa-Coa, le lapin Broute-Chou et le bouc Cornedur. Et toi, qui es-tu donc ?
– Je suis le chien Nez-au-vent.
– Viens vivre avec nous, toi aussi.
Voilà qu'ils étaient cinq dans la maison.
Arriva un ours à pas pesants : – Maison, maisonnette, caches-tu quelqu'un ?
– Oui, nous, la souris Gratte-Menu, la grenouille Coa-Coa, le lapin Broute-Chou, le bouc Cornedur et le chien Nez-au-vent. Et toi, qui es-tu donc ?
– Je suis l'ours Mange-Tout !
Et l'ours donna un coup dans la porte,

puis un deuxième : avec ses grosses pattes, il écrasa la maisonnette au milieu des champs.
Les animaux s'enfuirent ventre à terre et l'ours resta tout seul avec la maisonnette écrasée.

ATTENTION, NAIN MÉCHANT

Il est un jardin ; dans ce jardin, une pancarte : ATTENTION, NAIN MÉCHANT. NE PAS REVÉILLER. Sous la pancarte, dort un nain de plâtre. Il porte un bonnet rouge et tient à la main un filet à papillons. Lorsque le soleil paraît, arrive un papillon blanc. Il se pose sur le nez du nain et le chatouille avec sa patte. Le nain s'éveille et dit : – Papillon, ne sais-tu donc pas lire ? Ne recommence pas, sinon tu verras ce qui va t'arriver.

– Et bien, que va-t-il m'arriver ? demande le papillon en reprenant son vol.

– Tu pourras voir un nain méchant, répond le nain en refermant les yeux. A peine a-t-il baissé les paupières qu'il s'endort aussitôt. Le papillon revient, se pose sur le nez du nain et le chatouille avec sa patte.

– Ainsi, tu ne veux pas me laisser tranquille ? dit le nain en sursautant. Il se précipite à la poursuite du papillon. Le papillon vole aussi vite que ses ailes le lui permettent. Mais le nain est plus rapide que lui. Déjà il lève son filet. Déjà il va l'abattre sur le papillon. Vite ! le papillon fait un dernier effort pour aller se poser sur un coucou couleur soleil. Il boit un peu de nectar jaune et le voilà qui devient jaune lui aussi.

Le nain méchant cherche le papillon blanc dans tout le jardin. En vain. Il ne réussit à trouver qu'un seul papillon : jaune. Alors, il abaisse les bras et va recommencer sa sieste. A peine entre-t-il dans le sommeil que le papillon jaune se pose sur son nez. Mais, avant de le chatouiller, le papillon repère une fleur bleue.

ENSUITE ON FAIT « MIAOU »

Un coq avait très soif. Il alla jusqu'au puits et descendit le seau. Puis il gonfla ses plumes, saisit la corde et se mit à tirer mais, une fois plein, le seau était trop lourd pour lui.
Une oie passa par là.
– Veux-tu que je te raconte une histoire ? lui dit le coq et il commença : Un coq avait très soif, il s'approcha du puits et descendit le seau...
– Et ensuite ? demanda l'oie.
– Ensuite, on fait « coin-coin ».
Arriva un canard qui dit au coq : – Ce n'est pas une histoire. Tout le monde sait cancaner.
– Et ensuite ? demanda l'oie.
– Ensuite on fait « miaou, miaou ».
Arriva un chat qui dit au coq : – Ce n'est pas une histoire. Tout le monde sait miauler.
– Et ensuite ? demanda l'oie.
– Ensuite on fait « bêêêê, bêêêê, bêêêê ».
Arriva une chèvre qui dit : – Ce n'est pas une histoire. Tout le monde sait bêler.
– Et ensuite ? demanda l'oie.
– Ensuite ? dit le coq. Eh bien, le coq fit descendre le seau, mais il ne pouvait pas le remonter. Il attendit l'arrivée de l'oie, du canard, du chat et de la chèvre qui l'aidèrent à tirer le seau. Ensuite, tous les animaux purent se désaltérer.

POIL D'ARGENT EST UN GÉANT

Poil d'Argent, le petit lapin, est d'excellente humeur aujourd'hui. Il se tient à l'entrée de la forêt et s'étire tant qu'il peut. Il ouvre la bouche et crie au vent : « Youououou, youououou ! »
La forêt lui répond : « Youououou ! »
Poil d'Argent prend peur et il court chez mère lapin : – Maman, lorsque je crie, il y a quelqu'un, dans la forêt, qui me répond. Sais-tu qui c'est ?
– C'est l'écho, Poil d'Argent, lui explique sa mère en riant.
– Ah bon, dit Poil d'Argent et il repart à petits sauts. Il s'assied au bord de la forêt et crie le plus fort qu'il peut :
– Je suis un géant !
La forêt lui répond : – Géant !
Et le petit lapin de recommencer :
– Je suis un géant !
Et la forêt de répondre à nouveau :
– Géant !
Poil d'Argent claironne une troisième fois : – Je suis un géant !
C'est le moment que choisit le gros ours Martin pour sortir à pas lourds de la forêt.
– Qui ose m'éveiller ? Qui m'empêche de dormir ? S'enquiert-il à la ronde. Attends un peu, espèce de mangeur de chou ! Et il avance pesamment vers Poil d'Argent.

– Ce n'est pas moi, ce n'est pas moi, s'excuse le petit lapin tremblant de peur. C'est l'écho. Essaie toi-même, et tu verras.
L'ours se tourne vers la forêt. Il crie à son tour, d'une voix qui gronde comme le tonnerre : – Qui ose réveiller Martin ?
La forêt lui répond : – Martin !
– Tu vois ! réplique Poil d'Argent. En plus, il se moque de toi.
– Ça alors, quelle audace ! s'écrie l'ours et il court dans la forêt à la recherche de l'écho.

L'AUTRUCHON EST UN ROI

Un jour, l'autruchon jouait à cache-cache avec mère autruche.
– Où donc est passé ce petit ? dit mère autruche.
– Je suis là, crie l'autruchon, la tête enfouie dans le sable, juste à côté de sa mère.
– Où donc ? Je ne te vois pas, répond l'autruche jouant l'étonnement.
– Mais ici, voyons, s'écrie l'autruchon en riant, et il sort la tête du sable. A ton tour, dit-il ensuite.
L'autruche enfouit sa tête dans le sable.
– Où es-tu, maman ? crie l'autruchon.
– Ici, répond l'autruche.
– Où, ici ? crie encore l'autruchon qui tourne autour de sa mère en s'amusant à faire des marques dans le sable.
– Coucou ! s'exclame l'autruche en sortant la tête du sable. Elle regarde autour d'elle et que voit-elle ? Un lion accourt à vive allure pour les dévorer.
– Vite ! Cache-toi ! crie l'autruche à son autruchon. Il enfouit donc sa tête dans le sable et sa mère fait de même.
Le lion arrive, la gueule grande ouverte, pleine de dents. Il s'arrête près de l'autruchon. Quelle drôle de bête ! Sans tête, sans yeux... Brrr ! Ce doit être un fantôme. Un fantôme pour faire peur aux lions.
Soudain, une voix étouffée se fait entendre. Elle semble sortir du sable :
– Ça y est, maman ! Le lion est pris d'une frayeur terrible.
– Au secours ! hurle-t-il en s'enfuyant dans le désert aussi vite qu'il était venu.
L'autruche sort la tête du sable. Elle porte son regard d'un côté, puis de l'autre, et elle ajoute d'un ton fier :
– Mon petit, tu es le roi.
– Et pourquoi donc ? demande l'autruchon.
– Parce que tu as fait fuir le lion.
– Qui cela ? l'autruchon n'en croit pas ses oreilles.
– Le lion, le roi du désert.

LA MAISON DES

ENFANTS

Il y avait dans un village une maison percée de toutes parts. Cela faisait bien des années que les bassines recevaient l'eau qui tombait par les gouttières, que le vent s'engouffrait par les fentes des murs, que les fenêtres s'ouvraient en gémissant les soirs d'orage.
Et chaque fois le père, d'un tempérament attentiste, disait : — On verra bien ! Ça peut encore tenir !
Et, cependant, les craquements à l'intérieur de la maison faisaient écho au frôlement des arbres qui se courbaient sous la bise du plein hiver.
La mère, silencieuse, se contentait de lever par moments un doigt vengeur qui s'adressait au ciel et qui disait en marmonnant : « Un jour cette maison finira par nous tomber sur la tête ! »
Les enfants ne savaient que penser, mais ils disaient comme ils auraient chanté une comptine : — J'ai une idée ! J'ai une idée !
Un beau jour — disons plutôt un vilain jour —, était-ce une averse plus forte, un coup de vent plus assuré, le Mistral peut-être, la foudre qui hésitait à choisir une cible ? De quel défaut d'attention venait les punir le destin ? Toujours est-il que la maison s'ouvrit en deux : d'un côté quelques tas de galets et silex, d'un autre des monceaux de pisé, ailleurs un amas de chaume éparpillé au gré du vent.
La consternation les maintenait muets, paralysés, la teinte de leurs joues évoluait du rose au blanc. Plus de maison !
Le père réfléchit le plus rapidement qu'il put — c'était ce qu'il savait faire — et arriva dans une impasse : — Nous n'avons pas d'argent. Il ne peut pas être question d'appeler le maçon.
La mère s'inquiétait. Les enfants demandaient : — Si nous la construisions nous-mêmes ? On pourrait essayer !
Le soir tomba, les arbres se penchèrent pour les abriter, les regardant avec des yeux grands comme des fenêtres. Ils s'endormirent le cœur lourd, à la belle étoile, dans le pré qui bordait leur ancienne chaumière, juste à l'orée de la forêt. La lune présidait au ciel de nuit. Les pensées se calmaient, chacun sombrait, écoutant leur rythme qui se ralentissait et leur cœur s'apaisait. Jamais ils n'avaient, de leur vie, dormi comme cette nuit-là.
Ils s'éveillèrent le matin, rassérénés, pleins d'énergie et regardèrent en souriant ce qui avait été leur maison. Quelques galets, un peu de boue et des bottes de paille... En regardant, ils devaient tout comprendre.
Et chacun se mit à l'ouvrage dans le plus profond silence d'une attention inusitée. Le père montait les murs en collant les galets avec la boue qui séchait au soleil et vérifiait que le mur était droit avec un fil à plomb rudimentaire. Dès qu'ils avaient séché, la mère les peignait en blanc : c'était plus gai.
Les enfants insistaient : — Laissez-nous le toit ! Oh ! Laissez-nous le toit ! Nous sommes petits et légers. Nous grimperons comme des chats !
Ils avaient dans la tête une idée de couleurs qui feraient chanter tous les oiseaux des alentours. Aussi, après avoir accroché avec soin les tuiles plates sur la charpente qui ressemblait à un bateau renversé, ils se mirent à les peindre en rose, en bleu, en vert, en jaune. Et personne ne songea à dire que ce n'était pas vrai, tant cette fantaisie était pleine de charme.
Ils fabriquèrent même une cheminée qu'ils inaugurèrent dès que la maison fut terminée. Et par le toit, on vit sortir des nuages de fumée de toutes les formes : certains comme des cœurs, d'autres en forme de baisers... tous allaient s'accrocher à la cime des arbres. Ils connurent ainsi leur deuxième plus belle nuit.
Aux portes du sommeil, le père dit à la mère : — Sans les enfants, je n'aurais pas osé... c'est vraiment leur maison ! Mais... elle dormait déjà !

Drôle de zoo ! Quelqu'un a ouvert les portes de toutes les cages et les animaux se sont cachés un peu partout. Aidez les gardiens à les retrouver. En découvrirez-vous au moins cinq ?

Celui qui a préparé le repas des animaux a inventé en même temps une devinette pour les enfants. Vont-ils trouver comment chaque animal traversera le ruisseau ? Quelle passerelle emprunteront l'éléphant, le chien et la petite souris ? Lequel des trois animaux peut prendre chacun des trois chemins ?

DIABLE ET DIABLOTIN

HÉRISSON, TU VIENS JOUER À CHAT PERCHÉ?
ALLEZ! ATTRAPE-MOI!
TU N'AIMES PAS? ALORS GRIMPONS AUX ARBRES
HOP!
TU N'AIMES PAS NON PLUS? ÇA T'ENNUIE?
VIENS PLUTÔT FAIRE DE LA TROTTINETTE! ACCROCHE-TOI À MOI!
COMMENT, TU N'AIMES PAS
?

JUILLET

LE CONTE DE JUILLET

meurt de soif. Quand approche midi, le soleil blanc tombe droit sur l'étang pour entendre ce que lui crie Petit-Jean. Il réchauffe les enfants qui jouent sur les plages, et ceux qui jouent à se cacher et ceux qui cherchent l'ombre sous les vieux arbres du jardin ; il transmet sa force à ceux qui sont malades. Écoutez bien tout ce que le soleil a vu ce jour-là. Et, après une chaude journée, asseyez-vous à la tombée du jour pour regarder Vénus, l'étoile du berger.

Dis-moi la couleur de l'eau !
Le jour,
le ruisseau de lumière
Boit tout le bleu du ciel.
La nuit,
la lune jette sur l'étang
Sa pâleur argentée.
Et si le vent agite l'eau
Le cercle se brise en tremblant.
La mare au pied de l'orme
Reçoit les teintes de la terre.
Dis-moi la couleur de la mer !

LE GÉANT VERT

Un gros rocher vert se dresse au milieu des vagues. Il est tout ridé et bougon. C'est du moins ce que se racontent à voix basse les galets lisses du rivage. Quand il jouent à chat avec les vagues, ils préfèrent ne pas s'aventurer jusqu'au Géant vert qui leur fait un peu peur.

Un jour, les galets organisent, tout près de la plage, une course contre les petits poissons. Petit-Rayé se retrouve vainqueur. Content de sa victoire, il sautille dans l'eau, roule de vague en vague et s'éloigne de plus en plus du rivage. Les autres galets, plus prudents, le voient peu à peu disparaître comme dans un brouillard. Tout à son plaisir, Petit-Rayé se laisse balancer par les grosses vagues. Tout à coup, il se rend compte qu'il est tout seul. Où sont passés les autres galets, où sont passés les poissons bleus ? Où est donc le rivage ?

Petit-Rayé regarde de tout côté et la peur s'empare de lui. Le voilà arrivé tout près du Géant vert. Retrouverai-je un jour mes amis ? Je ne veux pas rester tout seul, murmure tristement Petit-Rayé. Le gros rocher se dresse au-dessus de lui, immobile et immense. Petit-Rayé ne distingue même pas sa tête.

– Approche, viens, repose-toi chez moi, dit le Géant vert d'une voix caverneuse.

– Mais c'est que je... c'est que... c'est que je dois, murmure Petit-Rayé pris de frayeur.

– Tu les retrouveras, tes amis, dit le Géant gentiment. Auparavant, je vais te raconter une histoire intéressante.

Pendant ma longue vie, j'ai vu beaucoup de choses, même si j'en ai beaucoup oublié. Sans doute parce que je n'ai personne à qui les raconter. Les galets ne viennent jamais me rendre visite et les poissons silencieux passent autour de moi sans m'accorder un seul regard. Viens, approche-toi, écoute-moi.

Petit-Rayé s'installe donc sur un rebord lisse au flanc du Géant vert et il se sent tout à coup rempli de bonheur. La peur a disparu. Il écoute des histoires de bateaux et de trésors tombés au fond des mers, de gros poissons qui ne sont pas vraiment des poissons, des histoires de tempêtes, de soleil et aussi de ces créatures étranges qui vivent sur la terre et s'appellent des hommes.

Enfin, le Géant vert s'arrête de parler. Petit-Rayé s'écrie alors d'une petite voix : – C'était merveilleux, ô Géant vert. Quel dommage que les autres galets n'aient pas été là pour entendre tes histoires…

– La prochaine fois, venez me voir tous ensemble, répond le Géant vert en priant une vague de remporter Petit-Rayé jusqu'à la plage.

A son retour, les galets l'accueillent avec joie. – Ainsi, tu n'étais pas perdu ? questionnent-ils.

– Pas du tout, et j'ai connu le Géant vert. Il est gentil. J'ai découvert pourquoi il ne sourit jamais. Il nous racontera l'histoire de la poule et du coq, il me l'a promis.

Les autres galets ne comprennent pas grand-chose à son discours. Petit-Moucheté, curieux, l'interroge :
– Qu'est-ce-que la poule et le coq ?
– Je ne sais pas encore, répond Petit-Rayé. Mais demain, vous le découvrirez avec moi, car demain nous allons tous rendre visite au Géant vert.

ADÈLE EST GUÉRIE

D'abord, il avait fallu l'endormir afin qu'elle ne sente rien. Au moment où Adèle ferma les yeux, elle venait d'entendre son appendice qui se lamentait : Je suis très malheureux.

– On n'y peut rien, répondit-elle. Si tu avais été en bon état, tu ne m'aurais pas fait mal. Il est vrai qu'il n'avait pas de chance.

Mais elle ne sait plus ce qu'il lui avait répondu. Elle n'avait plus rien entendu puisqu'on l'avait endormie.

Aujourd'hui, Adèle, tout à fait rétablie, ouvre pour la première fois la porte de la maison. Tout le jardin soupire d'aise : voici qu'Adèle est revenue ! L'herbe se réjouit, le sable, et toutes les cachettes au milieu des buissons, même la caisse qu'on escalade pour attraper des objets inaccessibles. Même les grands pavots décoratifs qui fleurissent déjà, sans trop savoir pour qui. La voilà enfin, Adèle. Pour elle, les pavots ont déplié leur longue jupe de soie, qu'ils cachaient dans leurs boutons. Voilà qu'ils s'ouvrent, l'un après l'autre.

– J'ai perdu quelque chose, dit Adèle à tout le jardin pour lui expliquer son absence.

– Elle a perdu quelque chose, répète le merle qui la guette au bord de la pelouse. C'est là qu'il l'attendait tous les jours, sous le soleil et sous la pluie.

– J'ai perdu quelque chose, répète Adèle. Avant je l'avais, et maintenant je ne l'ai plus. Devinez ce que c'est.

Le merle fixe Adèle de ses deux yeux tout ronds, puis de chaque œil séparément. Que lui manque-t-il ? Il la regarde tellement que ses ailes, n'y tenant plus, s'ouvrent toutes seules et le portent jusqu'aux pieds d'Adèle.

– Bien sûr, je vais te caresser, viens, petit, viens, dit Adèle.

– Ouf ! Ce n'est pas la main, se dit le merle rassuré et il s'élève dans les airs. Il va se poser sur le plus grand poirier du jardin, au sommet.

– De toute manière, j'ai perdu quelque chose, lui crie la petite fille. C'est tout à fait sérieux.

– C'est sérieux, répète le merle. Elle a perdu quelque chose. Il faut que je lui fasse un cadeau, ainsi il ne lui manquera plus rien.

Le merle pique vers une plate-bande,

tout au bout du jardin. La terre presque noire, fraîchement remuée, dégage un parfum irrésistible et l'attire de loin.
Pic ! Il est parti. Et pic encore !
– Ça y est, je t'ai eu !
Le merle porte le ver de terre à la fillette qui n'est pas effrayée. Elle l'examine de tout côté.

– As-tu aussi un appendice ? demande-t-elle au ver de terre. Le ver ne répond rien. Il lui glisse des mains et se tortille au bord du chemin. – Sûrement, puisque tu te tords dans tous les sens. Tu peux être content, tu sais.
Et, en effet, le ver de terre était content. Dieu qu'il était content !

LE CHAPEAU

Thérèse vient de rencontrer un chapeau.
– Bonjour, dit le chapeau. J'ai perdu ma tête.
Thérèse l'observe de plus près et voit : un petit chapeau blanc sans tête.
« C'est vrai, il n'a pas de tête », songe Thérèse et elle dit à haute voix : – Et pourquoi as-tu besoin d'une tête ?
Le chapeau répond d'une voix autoritaire : – Évidemment j'ai besoin d'une tête. Sans tête je ne peux pas penser. Quand je n'ai pas ma tête, je ne sais même pas à qui je suis. Je ne sais pas qui je suis ni où je suis.
– C'est vrai ? Alors nous allons la retrouver, dit Thérèse. Et aussitôt elle interroge : – Comment est-elle ?
– Quoi, comment ? Comment ?
– Mais oui, à quoi ressemble-t-elle ? Est-elle ronde ou ovale ? Chauve ou chevelue ? Frisée, avec des nattes ? Avec une frange ou un chignon ?
Le chapeau tente de se souvenir. Il a beau essayer, ses efforts restent vains. Il a presque envie de pleurer :
– Comment puis-je me souvenir, puisque je l'ai perdue ?
La situation est grave. Il faut absolument partir à sa recherche. Ils cherchent, cherchent encore. Déjà ils ont traversé plus de la moitié du parc, et ils n'ont rencontré personne en quête d'un chapeau. Tout à coup, un souvenir jaillit en la mémoire du chapeau :
– Attends, quelque chose vient de me revenir. Cette tête n'arrêtait pas de dire : « Quand je verrai Thérèse, elle va m'entendre. Et je ne lui prêterai plus rien, ni mon ours, ni mon ballon. »

A peine le chapeau a-t-il prononcé ces mots que Thérèse s'exclame : – C'est mon amie Sophie ! J'en suis sûre. Tu sais, nous nous sommes brouillées ce matin. Allez, suis-moi, chapeau.
Le chapeau et Thérèse courent donc retrouver Sophie et, d'aussi loin qu'elle la voit, Thérèse crie : – Je te rapporte ton chapeau ! ton chapeau, ton chapeauauau...
Sophie pose le chapeau sur sa tête et demande à Thérèse :
– Que préfères-tu ? Mon ballon ou mon ours ?
Quant au chapeau, il est ravi d'avoir réconcilié les deux fillettes.

LA MARMITE MAGIQUE

Au temps jadis, lorsque les grandes villes n'existaient pas encore et que les hommes gagnaient leur pain en labourant les champs, il y avait des fées qui vivaient dispersées de par le monde. Rien ne semblait les distinguer des humains : comme eux, elles étaient bonnes ou méchantes. Pourtant, elles possédaient des pouvoirs surnaturels et, tandis que les méchantes fées se terraient en des endroits inaccessibles, les bonnes fées étaient toujours sur les chemins, redressant les torts, protégeant les faibles, récompensant ceux qui le méritaient.
L'une de ces fées élut sa résidence dans une région vallonnée, parcourue de rivières. Elle habitait un blanc village blotti autour de son église, parmi les bosquets et les vertes prairies. Aux yeux des villageois, elle apparaissait comme une petite vieille souriante qui avait toujours pour chacun un mot gentil.
Dans la journée, la bonne fée parcourait les bois, surveillant les enfants venus cueillir des fraises pour faire le gâteau que leur maman préparait. Parfois, sous l'apparence d'une jeune fille, elle portait le fardeau d'un vieillard ou offrait une tranche de pain à une vieille femme qui n'avait pas assez à manger.
A la tombée du jour, un soir d'été, elle vit, dans un champ, un fermier du village fouetter son cheval qui hennissait, mais qui n'arrivait pas à tirer la charrette surchargée de blé. Le temps était lourd et le fermier, craignant l'orage, se hâtait.
— Avec ton chargement, tu devrais faire deux voyages, proféra la fée en arrivant à sa hauteur.
Le fermier se renfrogna, mais le regard sévère de la fée le força d'obéir.
— Drôle de vieille, dit-il le soir à sa femme, en lui contant son aventure.
— De quoi se mêle-t-elle ? éclata la fermière. Elle n'aimait pas la fée qui l'avait, à plusieurs reprises, tancée de la même manière.
Elle réfléchit. Au fait, cette étrange femme sans cesse par monts et par vaux, comment gagnait-elle sa vie ? Il fallait qu'elle en ait le cœur net. La fermière sortit, se dirigea vers la chaumière de la fée et se posta derrière la fenêtre.
La fée, reposée de sa fatigue, s'apprêtait à dîner. Toute la maisonnette lui obéissait au doigt et à l'œil. Les bûches sautèrent dans le fourneau et le feu s'alluma. La fée ne fit qu'un geste et une marmite atterrit sur les plaques.
— Cuisine, marmite ! ordonna la bonne fée et aussitôt l'odeur exquise d'une crème au lait se répandit dans la pièce.
A ce moment, la fermière se retira, pensant qu'elle en avait assez vu. Mais, elle se trompait.
Le lendemain, dès que la fée fut partie, elle courut vers la chaumière, s'empara du magique ustensile et regagna sa maison à la hâte. Là, elle posa la marmite sur le fourneau et ordonna à son tour :
— Cuisine, marmite !
Il y eut un bruit léger, cela se mit à bouillonner et l'odeur de crème au lait remplit toute la pièce. La fermière gourmande alla chercher une cuillère, mais la masse sucrée débordait déjà de la marmite. Elle se répandit sur le plancher, sortit par la porte et les fenêtres. La fermière, épouvantée de ne savoir arrêter l'avalanche, s'enfuit à reculons. Bientôt, la crème submergea sa maison, puis les chaumières avoisinantes. Leurs habitants eurent à peine le temps de se sauver.
Le soir, quand la fée rentra, seule la flèche de l'église émergeait d'un torrent de crème au lait. La bonne fée comprit ce qui s'était passé. Elle éleva sa baguette, prononça la formule magique et le flot blanc s'immobilisa.
Ce jour-là, les villageois mangèrent de la crème à n'en plus pouvoir. Même les chiens et les chats prirent part au festin. Et qu'advint-il de la fermière ? Cette leçon lui profita. De sa vie, elle ne porta plus jamais la main sur le bien d'autrui et traita tout le monde avec bonté.

Dans sa maison de pain d'épices, l'horrible sorcière s'est enfin endormie et les enfants se préparent à fuir. Mais il faut être vigilant car l'un des chemins mène à l'antre du dragon, l'autre à la maison maudite sur sa patte de poule où le sorcier guette les promeneurs, le troisième est le bon qui les conduit jusqu'au village. Aidez les enfants à sortir de ce labyrinthe en prenant garde au croisement, de rester sur le bon chemin sans tourner ni à gauche ni à droite.

JEUX

Ces enfants vont passer une journée à la campagne au grand étonnement du mille-pattes qui les voit défiler : ils emportent, en effet, une foule de choses inutiles et sont vêtus d'une étrange façon. Gageons que leur promenade leur réservera bien des surprises ! Ils peuvent prendre froid, attraper des ampoules aux pieds, glisser et se blesser tant leur tenue est inadaptée. Un seul d'entre eux porte des vêtements appropriés. A vous de le trouver et de prendre modèle sur lui quand vous irez vous promener !

DIABLE ET DIABLOTIN

1
QUEL COURAGE!
ET MAINTE-NANT, LE SAUT PÉRILLEUX!
2
3
4
5
6
TU AS BIEN FAIT DE REVENIR. C'EST VRAIMENT HAUT!

AOÛT

LE RÉCIT D'AOÛT

a recueilli ses histoires au cœur de la forêt. Parce qu'elle est profonde, avec des recoins d'ombre et de mystère où le soleil parfois n'arrive pas à pénétrer, avec un sol de mousse où l'on a envie de se laisser rouler, ou tout piquant d'aiguilles de pin qui craquent sous les pas. Et ceux qui marchent en montagne trouveront-ils l'edelweiss légendaire dont la blancheur laineuse fait penser à une étoile tombée sur les rochers ?

Dans la forêt profonde,
Rougissent
à l'ombre des fougères
Les oronges
au chapeau tacheté
Auprès des bolets bruns.
Le hibou solitaire s'éveille.

COMMENT LA PELOTE DEVINT HÉRISSON

Hier, il a plu toute la journée. Aujourd'hui, le soleil brille de tous ses feux et la forêt se met à fumer.

– Les champignons vont pousser, se disent Tony et Annette.

Ils prennent un panier et vont dans la forêt. Mais ils ne sont pas les premiers. La grand-mère est déjà sur les lieux.

– Annette, Tony, aidez-moi à chercher ma pelote de laine. Je l'ai égarée par ici.

Les enfants cherchent la pelote. Ils passent sous les sapins, dans un sens, puis dans l'autre... Soudain, un grand homme barbu, une plume au chapeau, se dresse au-dessus de leur tête. C'est le garde-chasse.

– Qui vient effrayer mon gibier ? dit le garde-chasse.

– Ce n'est pas nous, nous ne cherchons qu'une pelote, répond Annette.

– Mon chien Pipo est très fort pour retrouver les objets perdus, déclare le garde-chasse.

Ils sont donc trois qui cherchent : Annette, Tony et Pipo le chien.

« Grrr », souffle le chien en tirant un fil de la mousse.

– S'il a trouvé un fil, la pelote n'est pas loin, dit Annette. Le fil s'en va d'arbre en arbre, de brin d'herbe en brin d'herbe, et se perd enfin sous le côteau, près d'une haute tour.
La tour n'est qu'une fourmilière, pleine de fourmis si noires qu'une noire obscurité se répand aux alentours. Annette a peur. Elle pense qu'on ne retrouvera jamais la pelote au sein de cette nuit, mais Tony la rassure en chantonnant :

Une fourmi vient nous voir
Qui trottine dans le soir
Et qui chasse la nuit noire
Avec son petit bougeoir.

La petite fourmi éclaire les enfants aussi fort qu'elle peut.
Tout à coup, elle prend peur, laisse tomber la pierre blanche qui lui servait de lumignon et se sauve très vite.
Qui l'a donc effrayée ? Mais, la pelote, bien entendu.
Blottie dans l'herbe sous le bouleau, elle n'est pas tendre et douce comme on aurait imaginé, mais toute hérissée de pointes et de piquants. Et, en roulant le long du talus, elle a accroché une multitude de brindilles et de feuilles. Annette se penche pour la ramasser, mais elle se pique les doigts.
Tony éclate de rire. Drôle de pelote ! Il s'amuse à l'idée de rapporter le hérisson dans le jardin de sa maison. Il lui donnera à manger et jouera avec lui.
Annette trouve l'histoire moins gaie. Que dira la grand-mère si on lui rapporte un hérisson à la place de sa pelote ?

Soudain, Pipo sort en courant du taillis, une pelote de laine dans la gueule. Annette le caresse et ils partent tous trois rejoindre la grand-mère.
La grand-mère tire de son panier une grosse galette. Elle en donne une belle part à Annette, une belle part à Tony, une part plus petite au chien et une miette à la fourmi qui a éclairé les enfants avec son lumignon de pierre blanche.

LA POUPÉE VOLÉE

Il y avait une fois deux petits pantins qui vivaient dans la forêt, dans une petite cabane, avec une poupée et un chien Bayard qui n'avait peur de rien.

Un jour, les petits pantins partirent se promener avec le chien, et la poupée se trouva seule à la maison. Elle se dit qu'elle allait faire un petit tour. « Et peut-être rencontrerai-je un chevalier ou un prince qui se serait perdu à la chasse. »

Tout en songeant au beau prince, la poupée sautillait le long du chemin. Soudain, elle entendit crisser les broussailles et une renarde apparut devant elle.

– Où t'en vas-tu toute seule, jolie poupée ? dit la renarde dont les dents blanches étincelaient. N'aie donc pas peur de moi, tout le monde me connaît dans la forêt. Où vas-tu donc, jolie poupée ?

– Nulle part. Je me promène.

– Dis-le moi. Tu peux tout me dire. Je sais tout ce qui se passe ici.

– Ah oui ? Et pourrais-tu me dire s'il existe un château par ici, avec un prince ou une princesse ?

– Justement, dit la renarde en clignant des yeux. Tout près d'ici, il y a trois princesses et un prince.

– Vraiment ? s'étonne la poupée.

– Je ne te dis que la vérité. Trois princesses avec un prince. Mais ils sont ensorcelés.

– Juste ciel ! Et je pourrais les délivrer, moi ?

– Je pense que tu y arriverais. Attends, je vais te conduire.

Alors la poupée s'assit sur la queue de la renarde et les voilà parties. C'est à peine si la poupée distinguait les arbres qui défilaient autour d'elle à toute vitesse. La renarde s'arrêta devant une grotte moussue, dissimulée sous les branches d'un vieux sapin.

– Voilà, nous sommes arrivées, dit-elle.

– Mais où est le château ?

– Je t'ai bien dit que tout était ensorcelé. Cette grotte c'est le château. Le prince et les princesses sont à l'intérieur. Un méchant sorcier les a changés en petits animaux. Les voilà, tu les vois ?

Du trou au pied du sapin pointèrent quatre museaux noirs, huit oreilles pointues, quatre têtes rousses. Les renardeaux accoururent auprès de leur mère en glapissant de joie :

– Maman, maman que nous as-tu apporté ?

– Une poupée pour jouer. La voilà, surveillez-la et ne la laissez pas échapper.

Et la poupée semblait ensorcelée à son tour. Assise dans la sombre tanière, elle ne pouvait même pas appeler au secours, personne ne l'aurait entendue. Les renardeaux la mordillaient, la tiraillaient et se pendaient à ses cheveux. La poupée comprit brutalement que la renarde l'avait trompée.

Entre-temps, les petits pantins et le chien étaient rentrés chez eux. Mais où était passée la poupée ? Ils la cherchè-

rent dans la forêt, l'appelèrent, fouillèrent les moindres recoins.
Bayard trouva une trace : – Elle a marché jusqu'ici, puis elle a disparu. Quelqu'un l'a emportée.
Pendant ce temps, au fond de la tanière, la poupée réfléchissait. Le plus petit des renardeaux ne cessait de parler : – N'est ce pas que je suis plus jolie que mes sœurs ? J'ai de si mignonnes oreilles. Et une queue si magnifique.
– Tu serais plus jolie encore si tu avais, comme moi, un ruban dans les cheveux. Si tu le veux, je te le donne.
– Oui, attache-le moi. Oh, que c'est joli !
Et, en un tournemain, chaque renardeau fut décoré d'un ruban. Ils paradaient, faisaient les beaux. L'un après l'autre, ils se précipitèrent au-dehors pour guetter la renarde. Puis ils revinrent sans leurs ornements : ils les avaient perdus dans l'herbe et les fourrés. Mais la poupée décora de nouveau leurs pattes et leur queue.
Les petits goupils ressortirent encore, puis ils revinrent, ayant tout perdu.
Pendant ce temps, les amis de la poupée continuaient leurs recherches.
Tout à coup, Bayard renifla : – Je sens quelque chose. Ça sent notre poupée par ici. Et là... Un ruban clair flotte sur le buisson de framboisiers. Et là, près de ce chêne, il y a un lambeau de tissu. C'est un bout de tablier ! Pourvu qu'un oiseau ne l'ait pas mise en pièces !
– Je sens une odeur de renard, dit Bayard. Ils ont leur tanière par ici...
– Poupée, es-tu là ?
Rapide comme une flèche, la poupée bondit. Personne n'osa la retenir. Les renardeaux se blottirent dans le coin le plus sombre de la tanière. Ils tremblaient comme des feuilles.
La poupée eut pitié d'eux : – Laisse-les, Bayard, ils n'ont rien fait d'autre que de jouer avec moi !
– D'accord, je ne leur ferai rien. Mais la vieille, si un jour je la rencontre, elle aura affaire à moi !

ROULE-BOULE

Quelque chose vient de crépiter sur les pentes de la Montagne verte. Au-dessus d'une souche apparaît un museau d'ours, éclairé par deux yeux bruns pétillants de malice. Ce n'est pas un ours, mais un ourson. Son nom est Roule-boule. Drôle de nom, d'ailleurs. C'est parce qu'il est tout rond. Quand il avance sur ses courtes pattes, on dirait vraiment un ballon qui roule. Roule-boule apprécie peu ce nom moqueur. Mais il apprécie encore moins de devoir obéir. Obéir ? c'est ce qu'il connaît de pire au monde.

Aujourd'hui, Roule-boule est à la fête. Pour la première fois, il a échappé à la surveillance de Mère ourse : il va pouvoir explorer le monde. Ce n'est pas que l'ourse lui ait permis de s'en aller. Mais elle a subitement disparu. Hier, avant de se coucher, elle est sortie faire un tour dans la forêt. Vainement, Roule-boule a guetté son retour. La nuit était tombée et Roule-boule commençait à être très inquiet, tout seul dans la tanière. Les chouettes ululaient, les chauves-souris et les papillons de nuit lui frôlaient les oreilles, et il avait peur, très peur, comme un petit enfant. Il avait tellement peur qu'il se mit à sangloter. Il pleura si longtemps qu'il finit par s'endormir.

Lorsque Roule-boule s'est réveillé, c'était déjà le matin. Le soleil brillait joyeusement, pourtant Mère ourse n'était pas revenue. Roule-boule l'a attendue encore un peu puis, poussé par la faim et la curiosité, il est parti tout seul dans la forêt.

Le matin, le monde paraît beaucoup moins effrayant et beaucoup moins terrible que pendant la nuit. Roule-boule se sent très courageux. D'autant plus courageux que les souris, les lapins, les merles et les corneilles fuient devant lui. Jusqu'au renard qui s'est caché dans les fourrés, lorsqu'il a croisé Roule-boule. L'ourson est tout joyeux. Il entreprend de faire ce que Mère ourse, justement, lui a toujours défendu : il grimpe dans les arbres, fait fuir les écureuils et se balance sur les branches. Il saute de sapin en sapin comme s'il était au cirque. Il monte même tout au sommet du plus grand épicéa et s'y laisse longtemps bercer par le vent.

Puis, Roule-boule s'assagit peu à peu : la faim le tenaille déjà. Il a, bien sûr, cueilli quelques fraises, quelques myrtilles et quelques mûres, mais cela ne fait pas un vrai repas. Tout à coup,

l'ourson découvre un champignon dans l'herbe. Un champignon bizarre, tout rond comme sa tête. Il s'avance, il tend la patte et vlan ! il frappe le champignon de toutes ses forces. Le champignon éclate comme une bulle dans l'eau et il en sort un gros nuage de fumée jaune, ou de poussière peut-être, ou d'autre chose encore. Le nuage enveloppe Roule-boule. Il lui pique les yeux, lui brûle le museau. Quelle est donc cette diablerie ?
Le saviez-vous ? Il s'agit d'une vesse-de-loup. La poudre jaune vient des graines minuscules qu'elle produit. L'ourson aurait dû prêter plus d'attention aux mises en garde de sa mère.
Roule-boule se retourne et, soudain, que voit-il ? Ses yeux papillonnent de joie : de grosses mouches jaunes tournoient autour d'une vieille souche. Mère ourse appelle ces mouches des abeilles. Plus d'une fois, en sa compagnie, Roule-boule leur a dérobé leur miel délicieux.
D'un bond, Roule-boule se jette sur la souche. Il enfonce sa patte dans le trou pour en extraire les rayons de miel.

Mais malheur ! Au lieu d'attraper un rayon, sa patte s'enfonce dans quelque chose de friable qui s'écrase avec un bruit de papier froissé. Un gros nuage de mouches jaunes jaillit de la souche. Elles se jettent sur l'ourson, lui rentrent dans le poil. Ce ne sont pas des abeilles, mais des guêpes et leur nid ne cache pas de miel. Roule-boule reconnaît son erreur : ces mouches-là piquent plus fort et plus sauvagement que les abeilles.
Sans regarder, Roule-boule bondit droit devant lui, à travers la clairière. Il court comme une flèche et c'est ce qu'il a de mieux à faire. Les guêpes ne peuvent le rattraper. Il y en a de moins en moins, il ne reste plus que celles qui se sont accrochées à sa fourrure.
Mais l'ourson continue à courir. Il court, il glisse, il tombe, il roule jusqu'au bas de la pente et plouf ! tout droit dans un ruisseau. Une gerbe d'eau jaillit autour de lui. L'ourson s'y plonge vivement. L'eau fraîche est le meilleur remède : elle le débarrasse des dernières guêpes en apaisant le feu de ses brûlures et calme la douleur. Dans les taillis, près du ruisseau, Roule-boule découvre ensuite un petit creux bien abrité. Il s'y blottit, enfonce son museau entre ses pattes. Le vent dans les arbres lui chante une chanson. Comme le faisait Mère ourse, avant qu'il ne s'endorme. L'ourson sommeille ; il oublie qu'il est loin de sa maman, loin de sa tanière sous le vieux pin. Il rêve que Mère ourse le tient dans ses bras tendrement, et il croit entendre une fois encore le murmure de sa berceuse.

L'ALÊNE ET SES COMPAGNONS

Un jour, une alêne s'en va chercher des champignons. Elle rencontre un coq : — Où t'en vas-tu, alêne ?
— Je vais dans la forêt, chercher des champignons. Viens avec moi ; plus nombreux nous serons, moins nous craindrons le loup.
Le coq accepte et ils poursuivent ensemble leur chemin. Ils rencontrent un canard :
— Bonjour, alêne, et bonjour à toi, le coq. Où allez-vous ?
— Nous allons dans la forêt, chercher des champignons. Viens avec nous, plus nombreux nous serons, moins nous craindrons le loup.
Le canard accepte et ils poursuivent ensemble leur chemin. Ils rencontrent une oie :
— Boujour, où allez-vous tous trois ?
— Nous allons dans la forêt, chercher des champignons. Viens avec nous, plus nombreux nous serons, moins nous craindrons le loup.
L'oie accepte et ils poursuivent ensemble leur chemin. Ils arrivent dans la forêt et commencent à avoir peur du loup. Heureusement, ils trouvent une cabane ; ils s'y mettent à l'abri. Le coq monte sur le perchoir, le canard se cache sous le banc, l'oie grimpe sur le banc et l'alêne se pique sous le seuil.
Tout à coup, un loup bondit dans la cabane en hurlant :
— Je vais tous vous manger !
Sur son perchoir, le coq n'a peur de rien. Il commence à chanter : — En avant les amis, en avant les amis !
L'oie cacarde : — Y'a qu'à l'tuer ! y'a qu'à l'tuer !
Le canard cancane : — A coups de poing ! à coups de poing !
L'alêne sort du seuil et se plante dans le flanc du loup : et pic, et pic, et pic !
Le loup très effrayé se sauve ventre à terre.
L'alêne et ses amis ramassent ensuite un plein panier de champignons et s'en retournent joyeusement chez eux.

Ces papillons vous plaisent-ils ? Vous les réaliserez facilement en collant des papiers de couleur. Et vous pourrez, de la même manière, fabriquer des poissons, des oiseaux, des insectes et une quantité d'animaux variés.

CACHE-CACHE

Voici l'automne, riche en cadeaux. C'est le moment de la récolte. Aidez le jardinier à retrouver le chemin du verger et la jardinière celui du potager.

DIABLE ET DIABLOTIN

DES PÂTÉS !
C'EST TOUT CE QUE VOUS SAVEZ FAIRE
MOI, JE VAIS CREUSER UN TUNNEL
PEUT-ÊTRE MÊME UN TUNNEL GÉANT
AH ! MON DIEU !! J'AI CREUSÉ JUSQU'EN AFRIQUE
ZOO
OUF ! CE N'ÉTAIT QUE LE ZOO !

SEPTEMBRE

L'HISTOIRE DE SEPTEMBRE

nous emmène dans les vergers où le soleil s'amuse à faire rougir les pommes. Il existe un pommier qui porte des fruits pour des centaines d'enfants : mais, avant de les manger, ils devront les ramasser ou les cueillir. L'automne, c'est aussi la saison des noisettes et des cerfs-volants que vous retrouverez dans nos histoires. Entraînez-vous à raconter l'histoire de Sylvain, avant de retrouver celle de deux lutins de la forêt, Petit-Caillou et Champignon.

L'automne roux s'avance
Sur la pointe des pieds.
Le soleil rit encore
Et fait mûrir les pommes.
Ramassez-en
de pleins paniers !

L'ÉCUREUIL COMMERÇANT

Un jour, un écureuil décida d'ouvrir une boutique. Il s'en alla en ville et se présenta à la Chambre de Commerce pour offrir ses services au Directeur. Celui-ci réfléchit quelques instants, puis proposa à l'écureuil la gérance d'un magasin de noix et de noisettes. L'écureuil accepta. C'était un commerçant très consciencieux. A tout instant, il contrôlait la qualité des marchandises. Il collait sur la vitrine une pancarte INVENTAIRE et se mettait à l'ouvrage.

Il sautait sur le premier rayon, celui des noisettes, et les goûtait pour s'assurer qu'elles étaient de première fraîcheur. Puis, il escaladait le deuxième rayon, celui des cacahuètes, et là, en bon marchand, testait la qualité de son produit. Il arrivait enfin au troisième rayon, celui des noix, et s'assurait

qu'elles étaient parfaites, puis il retirait la pancarte et continuait à commercer.
A ce moment, se présenta un client : c'était madame la taupe : – Bonjour, je voudrais des noisettes, s'il vous plaît.
L'écureuil sauta sur le premier rayon et lui dit : – Je ne peux pas vous en vendre, il m'en reste trop peu.
Puis, arriva le hérisson : – Bonjour, pourrais-je avoir des cacahuètes, s'il vous plaît ?
L'écureuil sauta sur le deuxième rayon, il vérifia l'état du stock et lui

dit : – Je ne peux pas vous en vendre parce qu'il y en a encore moins.
Arriva enfin un renard : – Bonjour, je voudrais des noix, s'il vous plaît.
L'écureuil sauta sur le troisième rayon et lui dit : – Je ne peux pas les vendre, car ce sont celles que je préfère.
Ainsi, l'écureuil fit le marchand un jour, deux jours, trois jours. Le quatrième jour, son magasin était tout à fait vide.

Le cinquième jour, une visite inattendue se présenta : – Bonjour, contrôle financier. Nous t'avons confié un magasin. Nous venons vérifier que tout va bien.

– Tout va très bien, répondit l'écureuil sur un ton satisfait. La marchandise se vend bien, c'est un plaisir. Vous allez pouvoir m'en renvoyer d'autre.

– Entendu. Mais d'abord, vérifions si tu n'as pas de déficit.

– Déficit ? Quel déficit ? demanda l'écureuil très surpris. Qu'est-ce qu'un déficit ? Vous ne m'avez jamais donné de déficit, vous ne m'avez donné que des noix à vendre.

– Un déficit, ce n'est pas ce qu'on a, c'est ce que l'on n'a pas, expliqua l'inspecteur.

– Et comment cela ? demanda l'écureuil.

– Je vais te le montrer tout de suite. Dis-moi d'abord ce qui te reste comme noisettes.

– Rien du tout.

– Comme cacahuètes ?

– Rien du tout.

– Comme noix ?

– Rien du tout.

– C'est parfait, dit l'inspecteur. Et maintenant, dis-moi combien de francs tu as en caisse.

– Pas un seul.
– Et de centimes ?
– Pas le moindre.
– C'est incroyable ! hurle l'inspecteur. Mais tu as un sacré déficit, mon petit gars !
– Comment, un déficit ? J'ai contrôlé ma marchandise trois fois hier, six fois avant-hier, le jour d'avant neuf fois et jusqu'à douze fois le premier jour.
Mais l'inspecteur se montra intraitable : – Ca m'est parfaitement égal. Tu as un trou dans ta caisse et il te faut le rembourser. Pas de pitié. As-tu de l'argent ?
– Non.
– Alors je te prends ta fourrure.
– Jamais de la vie !
– Ah, c'est ainsi ! Alors je te jette en prison. Tu finiras ta vie derrière les barreaux, ça m'est égal.

– Si ça vous est égal, à moi aussi, rétorqua l'écureuil. Et, par la fenêtre ouverte, l'effronté bondit dans la forêt.
Depuis ce jour, l'écureuil saute d'arbre en arbre dans la forêt et il fait l'inventaire des pommes de pin.

PETIT-CAILLOU ET CHAMPIGNON RECHERCHENT UN TRÉSOR

Un beau matin d'automne, Champignon se réveille et dit : – Petit-caillou, j'ai rêvé que nous avions découvert un trésor.
Petit-caillou lui répond, en se frappant le front : – Oui, oui, c'est entendu !
Mais Champignon parle sérieusement. Il se précipite dans l'appentis derrière la chaumière et revient promptement en rapportant deux pioches.
– Dépêchons-nous. Sinon, quelqu'un pourrait arriver avant nous et voler le trésor.
– Mais tu ne sais même pas comment on s'y prend pour chercher, lui dit Petit-caillou avec un hochement de tête.
Pour Champignon, la chose est simple : il suffit de chercher un endroit où la terre a été remuée récemment et puis remise en place. Le trésor s'y cache sûrement.
Ils prennent donc leur pioche et se mettent en route. Ils cherchent dans toute la clairière, et rencontrent le vent. Le vent est assis sous un buisson d'églantines. Il pointe le doigt tantôt dans un sens, tantôt dans l'autre, mais sans se décider à se lever.
– Que fais-tu là ? demande Champignon.
Le vent pousse un si gros soupir que la casquette de Champignon manque de s'envoler : – Je me suis arrêté un moment et me suis endormi. Maintenant, je ne me souviens plus dans quel sens je dois souffler.
– A l'automne, tu viens plutôt du nord, suggère Petit-caillou.
Le vent tourbillonne joyeusement et s'envole vers la forêt.
– Il ne nous a même pas dit merci, constate Champignon. Puis, les deux lutins se remettent à chercher leur trésor.

Ils arrivent près d'un gros pin, sous lequel poussent trois pieds de noisetier. Champignon s'écrie : – Je vois un endroit où l'on a gratté et l'on a rebouché le trou. Et de planter leur pioche, chacun d'un côté du gros pin.
Tout à coup, quelqu'un crie du sommet du pin : – Qu'est-ce que vous fabriquez ?
C'est l'écureuil, fort en colère, qui les apostrophe à nouveau : – Eh, vous deux ! que faites-vous là-bas ?
Petit-caillou pousse Champignon du coude : – C'est toi qui as eu l'idée, alors explique-lui.
Mais Champignon se fâche : – Pourquoi cries-tu, écureuil de malheur ? Nous cherchons un trésor. Ce n'est pas défendu !
L'écureuil descend de trois fourches de pin : – Bien sûr que non. Mais ici, il n'y a pas de trésor. Ce sont les noisettes que j'ai cachées pour l'hiver.
– Tu vois bien ! dit Petit-caillou à Champignon, dissimulant sa pioche derrière son dos.
Champignon, qui ne décolère pas, crie à l'écureuil : – Qu'est-ce que cela peut faire ? Nous remettrons la terre en place et tout sera rentré dans l'ordre.
– Mais non, justement, répond l'écureuil. Là où quelqu'un d'autre vient gratter, je ne reviens jamais.
– Ensuite, il aura faim tout l'hiver, chuchote Petit-caillou à Champignon.
La chose est grave. Les deux lutins penauds ne savent pas comment réparer leur bêtise. Tout à coup, arrive le vent. Il s'amuse à faire tomber les feuilles des arbres.
– Que faites-vous là tous les deux ? Vous avez l'air bien triste.
L'écureuil s'empresse de tout raconter. Le vent secoue sa tête aérienne : – A chacun son tour. Vous m'avez rendu service, à moi d'en faire autant.
Il tournoie autour des trois noisetiers et, de ses doigts légers, il fait tomber toutes les noisettes, jusqu'à la dernière.
– Maintenant, il ne te reste plus qu'à les ranger dans ton cellier, siffle-t-il à l'écureuil avant de reprendre sa course automnale.
L'écureuil n'est plus fâché : il a maintenant trois fois plus de noisettes qu'il n'aurait pu en cueillir tout seul.
Petit-caillou et Champignon le saluent en agitant leurs bonnets et ils se disent : – Puisque nous avons nos pioches, allons au moins biner les gerbes d'or derrière la maison. L'année prochaine, elles nous le revaudront. Et ce sera un vrai trésor.

LE LION ET LE PERROQUET

– Mmm..., baîlle le lion. J'ai fort bien déjeuné aujourd'hui. Je vais maintenant me coucher et faire un somme. Le lion se couche, s'endort et fait de si beaux rêves qu'il voudrait ne jamais s'éveiller.

Mais qui vient là ? C'est le perroquet. Or, le perroquet est un grand curieux !

Comment savoir si ce lion est mort ou vivant. Il est couché là sans bouger...

Le perroquet s'approche, s'approche encore, il est maintenant près, tout près du grand lion.

– Plus un geste, grogne le lion. Que viens-tu faire ici ?

– S'il vous plaît, ne vous fâchez pas, seigneur lion, dit le perroquet. Je ne faisais que passer...

– Tu n'as pas à passer par ici, grogne le lion.

– Je vous en supplie, grand seigneur, vous n'allez quand même pas me punir, vous, un grand lion si fort, et moi, un tout petit perroquet de rien du tout.

– Justement, je vais te punir.

– Si je vous ai réveillé, je ne l'ai pas fait exprès. Je ne recommencerai plus jamais, je le promets.

– Cela est fort probable, rétorque le lion. Tu ne me réveilleras plus jamais.

– Je vous en supplie, faites-moi grâce, seigneur lion. Si vous me relâchez, je vous le revaudrai un jour.
– Que pourrais-tu bien faire pour moi ? demande de lion. En quoi pourrais-tu me rendre service, toi, un petit perroquet de rien du tout ?
– Seigneur lion, roi du désert, la taille ne fait rien à l'affaire. Il se pourrait qu'un jour je vous sois nécessaire. Le lion rit aux éclats. C'est entendu, je te relâcherai puisque tu es si drôle, et tu as des idées tellement ridicules. Pourtant, ne recommence plus.
Aussitôt, le lion lâche le perroquet.
Le lendemain, le lion en chassant, atteint une région qui lui est inconnue.
– Quelle étrange cabane ! remarque le lion. Et l'insolite maisonnette dégage une odeur qui tente les lions affamés.
– Je sens la chair fraîche ! Ce parfum vient de la petite maison. Allons voir de plus près et nous saurons ce qu'il en est, réfléchit-il.
Le lion se glisse dans la maisonnette où il découvre une pièce de viande magnifique. Il y plante ses crocs mais aussitôt, la porte se rabat et voilà le lion prisonnier. Il ne peut plus sortir.

Cette maison était un piège. Le lion tourne en rond dans le piège sans réussir à trouver une issue.
– Quelle imprudence ! se lamente-t-il. Je me suis laissé prendre comme un jeune lionceau. Si je n'étais pas le lion, le roi des animaux, je dirais même que j'ai été stupide. Je n'arriverai jamais, sans doute, à me tirer de là. Malheur ! Malheur de malheur ! Mais un lion n'a jamais peur…
Le perroquet a entendu la plainte du lion. Il arrive sur place à tire d'aile et comprend tout de suite ce qui est arrivé. A coups de bec, il ronge les cordes qui maintiennent la porte. La porte tombe, le lion sort et retrouve la liberté.
– Je te remercie, petit perroquct, dit le lion reconnaissant. Comme il est heureux, maintenant, de n'avoir pas puni l'oiseau.
– Comment imaginer, grogne-t-il sur le chemin du retour, qu'un petit perroquet, tout faible, puisse sauver la vie d'un lion, puissant roi du désert.

LES AVENTURES DU PETIT CHRISTOPHE

Le petit Christophe habitait avec sa mère et sa grand-mère une blanche maisonnette. Devant la maisonnette, il y avait une cour entourée d'une solide clôture, au-delà s'étendait la verte prairie et encore plus loin la profonde forêt. Depuis la fenêtre, la maman surveillait de son regard attentif le petit jouant dans la cour. A peine avait-il fini son petit déjeuner, on l'appellait pour le goûter. N'était-il pas un enfant pâle et faible qu'il fallait entourer de soins ?

Un jour, la grand-mère oublia de refermer derrière elle la porte. Comme la mère était momentanément occupée, Christophe profita de l'occasion et se glissa dehors. Il traversa la prairie et pénétra dans la forêt. Christophe s'agenouilla devant un monticule couvert d'aiguilles sèches. En regardant de près, il vit que le monticule était percé d'innombrables ouvertures où grouillaient des fourmis. A côté de la fourmilière, Christophe se réjouit de découvrir un champignon au chapeau rouge avec des points blancs qu'il avait vu dans un livre d'images. Il en mangea un petit morceau mais le goût était bizarre, plutôt amer. Il continua à observer les insectes mais ses paupières commencèrent à se fermer. Au bout de quelques instants, le petit Christophe se trouva endormi.

Lorsqu'il ouvrit les yeux, il était entouré de trois femmes à l'expression sauvage. Elles se saisirent de lui et le jettèrent dans l'une de leurs hottes. Avec la rapidité de l'éclair, ils firent le trajet de la fourmilière à une sombre grotte. Des charbons rougeoyant dans un âtre géant étaient seuls à éclairer l'intérieur. Les femmes sauvages assirent Christophe devant une assiette pleine de sucreries.

— Mange vite, Nicolas, tout est déjà prêt !

« Mais pourquoi m'appellent-elles Nicolas ? » réfléchissait Christophe. Il fut pris de panique. En effet, sa grand-mère lui avait conté l'histoire d'un garçon nommé Nicolas, enlevé par des femmes sauvages qui voulaient le cuire dans un four et le manger.

— Mais c'est une erreur, criait-il, je ne suis pas Nicolas, je suis Christophe !

En vain. Les femmes le placèrent sur une large pelle et s'apprêtaient à le pousser dans l'âtre. Ça brûlait déjà, brûlait...

A ce moment, quelqu'un le secoua. Cette fois-ci, il se réveilla réellement : le feu de l'âtre, c'étaient les fourmis qui le piquaient. Au-dessus de lui, il vit se pencher sa mère et sa grand-mère qui, épouvantées de son absence, étaient parties à sa recherche.

— Pourquoi es-tu parti ? Quelle chance encore que tu ne te sois pas empoisonné avec ce mauvais champignon !

Heureusement, pour lui, Christophe s'en tira avec une simple nausée. Mais, pour empêcher une nouvelle échappée, maman acheta un solide cadenas et le suspendit à la porte de la cour.

Et les jours se succédèrent comme auparavant. Un après-midi, c'était juste après le goûter, Christophe vit apparaître parmi les arbres un grand cerf. Il s'arrêta un instant, puis avança majestueusement dans la prairie. Le garçon retenait son souffle de peur d'effaroucher le bel animal. Mais le cerf s'approchait toujours, jusqu'à s'immobiliser à quelques pas de la cour. Il regarda gentiment le petit Christophe et l'invita à faire un tour. Comme s'il était soulevé par une force magique, le garçon grimpa d'un seul trait sur la clôture. Le cerf l'installa sur son large dos et repartit dans la forêt. Il se promena avec lui sous les arbres et lui montra les coins les plus secrets, connus des seuls cerfs : le clair ruisseau où ils s'abreuvaient, l'endroit où ils allaient paître le soir tombant.

De retour à la maison, le petit trouva une fois de plus sa mère et sa grand-mère affolées. Mais voyant que, pour la première fois, Christophe mangeait avec appétit, et ayant par la suite constaté la bonté de son ami le cerf, elles réfléchirent. La cour resta ouverte. Christophe jouait sous les fenêtres de la cuisine, sortait dans la prairie et se promenait avec le beau cerf.

Et quand Christophe grandit, il devint forestier pour pouvoir vivre parmi les arbres qu'il aimait et aider à son tour tous les animaux.

Le vent a tourné et le fil du cerf-volant s'est emmêlé dans les branches de l'arbre. A vous de le débrouiller.

CACHE-CACHE

Tout en faisant voler son cerf-volant, Michel admire autour de lui le paysage de l'automne. Pourtant, trois détails ne sont pas à leur place ici. Trouvez-les.

DIABLE ET DIABLOTIN

DIABLOTIN EST LE PLUS DOUÉ
MAINTENANT, LE SAUT PÉRILLEUX
QUI SAIT EN FAIRE AUTANT?
JE SUIS LE ROI DE LA FICELLE!
HI HI
MAIS QUI VA ME DÉFICELER?

OCTOBRE

LE RÉCIT D'OCTOBRE

réunit plusieurs histoires à lire pendant la veillée ou par un jour de pluie, au coin du feu. Les bouquets de colchiques narguent les premiers froids et un grand bol de chocolat vous attend pour vous réconforter. Le soleil se cache dans une immense écharpe pour affronter le vent. Les cerfs-volants sont repliés pour hiberner jusqu'à l'été prochain.

Dragon domestiqué
Ne crache plus de flammes.
Il plane dans le ciel
Tout au bout de sa laisse
Sur les ailes du vent.

PETIT CONTE

Tant la princesse avait dansé
Que son collier elle a cassé.

Son père, le roi Ferdinand,
Fit venir son valet sur-le-champ :

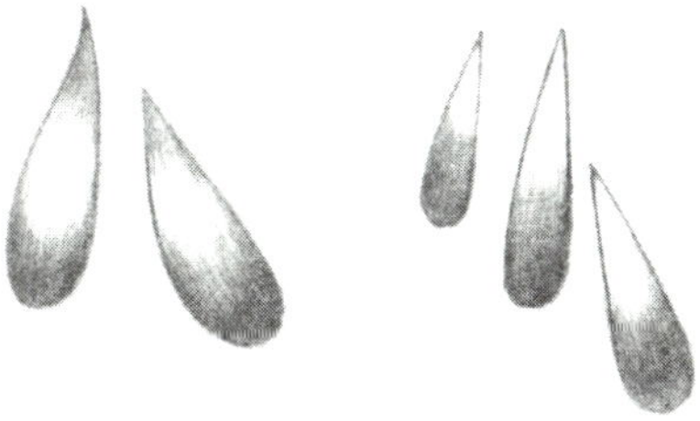

Les perles tu retrouveras
Ou bien on te pendra !

Le valet, remuant la terre,

Trouva des pommes de terre.

Voici, mon très grand roi,
Ce que j'ai pu trouver pour toi.

Mais les plus belles sont parties
Dimanche, autour du rôti.

QUI M'AIMERA ?
ET MOI ?
ET MOI ?

S'exclamaient les petites princesses, lisant les pages par-dessus notre épaule. Et elles s'admiraient dans leur miroir.

QUELLE RÉPONSE LEUR DONNER ?

Chacune d'elles sort d'un conte. Les voici, toutes sont jolies. Il vous reste à choisir celle qui vous plaira. Il en est une, cependant, qu'il ne faudra pas trop flatter, ou bien vous la verrez devenir prétentieuse.
Et les princesses prétentieuses ne sont pas nos amies.

LE PETIT CHEVAL BOSSU

Il était une fois, il y a de cela très longtemps, trois frères. Ils étaient paysans, mais leur travail ne leur rapportait guère : chaque nuit, quelqu'un venait piétiner leur champ. Ils décidèrent donc de monter la garde pour prendre le coupable sur le fait.

L'aîné y alla la première nuit et il s'endormit. La seconde nuit, le cadet s'endormit aussi. La troisième nuit, ce fut le tour du plus jeune. On le nommait Benêt. Lui aussi somnolait et bâillait tant et plus mais, sur le coup de minuit, la rosée l'éveilla. A ce moment précis, une pouliche arriva dans le champ et commença à paître le blé.

Benêt saisit la pouliche par la crinière et ne voulut plus la lâcher. La pouliche lui dit : – Laisse-moi ma liberté, je te donnerai trois chevaux. Benêt accepta et, aussitôt, trois chevaux se tinrent devant lui. Les deux premiers étaient de magnifiques pur-sang noirs. Le troisième, blanc, petit et bossu, avait cependant un regard plein de douceur et d'intelligence.

Pour rien au monde ne te sépare du petit cheval bossu, dit la pouliche. Il te tirera de tous les mauvais pas à condition que tu lui obéisses en tout.

Laissant les chevaux dans l'enclos, Benêt rentra finir la nuit à la maison. Ses frères trouvèrent bizarre de le voir arriver alors qu'il faisait encore noir. Ils allèrent donc inspecter le champ. Dès qu'ils eurent aperçu les deux chevaux noirs, ils les attrapèrent pour aller les vendre en ville à la foire.

Mais le petit cheval bossu ne l'entendait pas ainsi. Il frappa du pied si fort qu'il réveilla Benêt, endormi derrière le poêle. Benêt courut voir ses chevaux. Ne trouvant plus rien, il enfourcha le petit cheval bossu et ils ne tardèrent pas à rattraper les deux frères. Ceux-ci avaient dans l'idée de se débarrasser de lui. Ils l'envoyèrent dans une clairière où brillait comme un feu de camp. Ils pensaient que c'était un campement de brigands qui s'empareraient de Benêt. L'erreur était grossière ! Ce n'était pas un feu, mais la plume de l'oiseau Phénix. Le petit cheval conseilla à Benêt de ne pas emporter la plume de l'Oiseau-de-feu, mais Benêt ne l'écouta pas. Ne pou-

vant résister à la tentation, il ramassa la plume et la cacha sous son bonnet. Puis il rejoignit ses frères et les accompagna à la ville comme si de rien n'était.
A la foire, tous les marchands admirèrent les chevaux, mais personne n'avait assez d'argent pour les acheter. Enfin arriva un messager du tsar. Il acheta les chevaux et emmena Benêt avec son petit cheval bossu pour les soigner.
Benêt travailla donc aux écuries du tsar sans s'inquiéter de rien. Mais, un soir, il fit un geste maladroit et la plume d'or tomba de son bonnet. Les autres serviteurs s'empressèrent d'aller rapporter la merveille au tsar qui envoya immédiatement Benêt à la recherche de l'Oiseau-de-feu. Le petit cheval bossu emporta Benêt dans un pré sous une montagne d'argent où les Oiseaux-de-feu venaient se restaurer. La première fois, Benêt se montra trop impatient et il effraya les oiseaux. La deuxième fois, il suivit les conseils du petit cheval : il versa un peu de blé dans l'herbe et se cacha dans une cabane en mottes de terre. Lorsque les oiseaux s'approchèrent sans méfiance, il réussit à en attraper un. Dès que l'Oiseau-de-feu fut dans sa cage, il se mit à chanter : – Je suis beau, il est vrai, mais bien plus belle encore est la fille de la tsarine Lune. Qui ne l'a pas auprès de lui, n'est pas un homme

riche ! A peine le tsar eut-il entendu ces paroles qu'il envoya Benêt chercher la fille de la Lune. Cette fois-ci encore, le petit cheval bossu lui fut d'un grand secours, lui conseillant d'emporter une belle tente de soie brodée. Ils voyagèrent longtemps. Enfin ils arrivèrent au bord de l'Océan. Sur l'Océan, voguait une barque. Une merveilleuse jeune fille en descendit. Elle pénétra dans la tente. Bientôt, la mélodie envoûtante d'un violon se fit entendre. Benêt emmena la fille de la Lune chez le tsar. Mais la belle formulait, elle aussi, un souhait : – Sans l'anneau qui se trouve au fond de l'Océan, je ne me marierai jamais. Le tsar envoya donc Benêt chercher l'anneau.

En arrivant au bord de l'Océan, ils trouvèrent deux pêcheurs qui se disputaient d'un gros poisson. Le petit cheval bossu conseilla à Benêt de leur donner la plume de l'Oiseau-de-feu en échange du poisson. Benêt obéit. En signe de reconnaissance, le poisson alla chercher l'anneau d'or au fond de l'Océan. La belle jeune fille avait maintenant tout ce qu'elle désirait. Mais le fiancé n'était pas à son goût. Elle s'écria : – L'anneau d'or me brûle comme le feu. Je prendrai pour mari l'homme qui pourra le passer à son petit doigt.

Le tsar était très gros et il craignait de souffrir, mais Benêt, lui, n'avait pas peur et ses doigts étaient fins. Lorsqu'il passa l'anneau il devint aussitôt un prince magnifique. Et le cheval bossu partit, au petit trot, où l'on avait encore besoin de lui.

LA BETTERAVE

Un jour, grand-père plante une betterave. La betterave pousse, elle devient très grosse, gigantesque. Grand-père décide de l'arracher : il tire, tire encore, mais la betterave ne vient pas.

Il appelle grand-mère. Grand-mère tire grand-père, grand-père tire la betterave, ils tirent tant et plus, mais la betterave ne vient pas.

Grand-mère appelle la petite-fille. La petite-fille tire grand-mère, grand-mère tire grand-père, grand-père tire la betterave, ils tirent tant et plus, mais la betterave ne vient pas.

La petite fille appelle le chien. Le chien tire la petite-fille, la petite-fille tire grand-mère, grand-mère tire grand-père, grand-père tire la betterave, ils tirent tant et plus, mais la betterave ne vient pas.

Le chien appelle le chat. Le chat tire le chien, le chien tire la petite-fille, la petite-fille tire grand-mère, grand-mère tire grand-père, grand-père tire la betterave, ils tirent tant et plus, mais la betterave ne vient pas.

Le chat appelle la souris. La souris tire le chat, le chat tire le chien, le chien tire la petite-fille, la petite-fille tire grand-mère, grand-mère tire grand-père, grand-père tire la betterave, ils tirent tant et plus… et crac ! la betterave est arrachée.

On peut faire, le jour, des choses qu'on ne peut faire dans le noir, et inversement. Sur une illustration il fait jour, sur l'autre, il fait nuit. Pourtant, les personnages y ont les mêmes occupations, ce qui ne serait guère possible dans la réalité. Cherchez ce qu'on ne peut faire que de jour ou de nuit et expliquez pourquoi. Vous trouverez sans doute aussi des activités pour lesquelles la lumière est sans importance.

Les scarabées s'amusent autour du mille-pattes. Mais certains jeux sont dangereux. Regardez l'illustration attentivement et essayez de deviner les périls qui les guettent. Pourquoi le dessin est-il reproduit deux fois ? Vous allez deviner et, si vous regardez bien, vous trouverez cinq différences.

DIABLE ET DIABLOTIN

1
ON VA PLANTER NOS TENTES!
2
NOUS, ON PRÉFÈRE L'ACCROCHER!
3
OUH OUH
TOUTOU TU ENTENDS?
DORS, C'EST LE VENT
4
TIENS! LES CHATS SONT PARTIS! OÙ EST LEUR TENTE?
5
RRON!
PSCH!
AH! ILS ONT DÉCOLLÉ!

NOVEMBRE

LE RÉCIT DE NOVEMBRE

se terre à la maison. Dehors, il fait décidément trop froid. Même le soleil, qui continue à briller transmet ses rayons voilés par les intempéries. Il revêt son manteau de pluie pour se protéger du brouillard et de l'humidité. Le lapin se blottit dans les feuilles brun-roux. Enveloppés dans un grand tablier, nous choisissons les ocres et les jaunes. Et, sur la feuille de papier, nous fixons les couleurs de l'automne : celle des fruits de l'églantier, des branchages, des feuilles mortes et du houx qui commence à fleurir.

Je suis le vent
Le messager rapide
Qui souffle autour de la terre
Et qui m'attend ? Personne !
Les feuilles tourbillonnent
Portant leur message invisible.
L'œil seul ne saura pas les lire
Car il s'adresse au cœur.

LA TASSE ROUGE

Je vais vous raconter l'histoire d'une jolie tasse rouge. Les tasses viennent d'être lavées, elles sont posées comme il se doit, comme il convient à des tasses gentilles. Les soucoupes sont elles aussi lavées et couchées sur les tasses, ainsi que les petites cuillères. Il y a même une casserole. La tasse rouge se trouve tout

en dessous et elle se lamente : – J'ai une oreille encore toute mouillée ! Et vous, avez-vous une oreille mouillée ? La tasse rouge est toute neuve, c'est celle d'Alexis.

– Je veux aller chez Alexis ! gémit la tasse tout à coup, pensant à son propriétaire. Pour que la tasse cesse de pleurer, une petite cuillère la caresse. Un joli tintement se fait entendre.

– Arrête ! tu vas m'ébrécher et Alexis ne voudra plus de moi. Il me donnera au chat, et ce serait dommage, puisque je suis une tasse rouge.

Quel besoin avait-elle de mêler le chat à cette histoire ? Le voilà qui saute sur l'évier et vient frotter la casserole avec sa patte. Tout à coup, quelqu'un soulève la casserole, puis les soucoupes les unes après les autres. La tasse rouge aperçoit Alexis qui essuie la vaisselle.

– Et moi ! Et moi ! s'écrie-t-elle. J'ai froid à l'oreille, moi. Enfin Alexis prend la tasse rouge. Il la pose sur une chaise.

– Comme elle est jolie, ne trouves-tu pas ? dit-il au chat. Et toi, n'en voudrais-tu pas une comme ça ?

– Non ! Non ! crie la tasse rouge, très effrayée. Mais le chat répond : – Moi, je préfère une soucoupe. Et il s'en va jouer ailleurs. De toute manière, je ne te l'aurais pas donnée, dit Alexis en allant ranger sa belle tasse neuve dans le buffet.

LE CLOU

Hier, Cécile est allée courir sous la pluie et elle a pris froid.
Au lit, elle s'ennuie. Si elle pouvait au moins parler avec maman. Mais maman est allée au marché, et Cécile n'a plus aucune envie de jouer avec son nounours ou avec son petit singe. Elle observe la chambre en cherchant quelque chose de nouveau. Rien. Juste un clou, planté dans le mur.
– Bonjour, Cécile, dit le clou.
– Bonjour, le clou.
– Pourquoi sembles-tu triste ?
– Je n'ai personne à qui parler.
– Eh bien, parle-moi.
– A toi ? Mais tu n'es qu'un clou tout bête.
– Oh ! Mais je ne suis pas un clou ordinaire, moi.
– Ah bon ? Que sais-tu faire ?
– Je sais tenir un tableau.
– Et alors ? Tous les clous savent le faire.
– Mais je sais aussi accrocher un manteau ou une casquette. Comme un porte-manteau.
– Hum, réfléchit Cécile. C'est aussi à la portée de tous les clous.
– Et je sais montrer l'heure.
– Pas possible ! Et comment t'y prends-tu ?
– Regarde ce trait sur le mur. C'est mon ombre. Maintenant elle est toute courte et bien droite. Quand ta maman reviendra du marché, l'ombre sera de biais, elle sera plus longue et montrera la porte.
– Ça reste encore à voir, dit Cécile, incrédule. Et que sais-tu faire d'autre ?
– Je sais faire des reflets sur le mur.
– Comme un miroir ?
– Oui, comme un petit miroir. Regarde le plafond.
Cécile alors lève les yeux vers le plafond. C'est vrai. Le soleil vient caresser la tête brillante du clou qui renvoie un petit reflet jaune sur le plafond.
– C'est très bien, dit Cécile. Et après ?
– Je suis un tambour.
– Ce n'est pas vrai, tu mens.
– Non, je ne mens pas. As-tu un marteau ?
– Non.

– Alors, prends ta tasse en émail et tape-moi sur la tête.
Cécile prend sa tasse et tambourine sur la tête du clou :
Boum, boum et badaboum
Ran, ran et rataplan
Badaboum, boum, boum.
Au bout d'un moment, la petite fille en a assez de tambouriner. Elle demande au clou s'il sait faire autre chose.

– Je sais faire le téléphérique.
Cette fois, Cécile croit vraiment que le clou lui raconte des histoires.
– Prends le ruban qui retient tes cheveux et passe-le sur ma tige... Voilà. Maintenant, attache d'un côté ton ours, et de l'autre ton singe.
Cécile suit fidèlement les instructions du clou. Quand elle donne un petit coup à l'ourson, celui-ci descend tout doucement, tandis que le singe monte. Quand elle pousse un peu le singe, l'ours remonte. Comme sur un téléphérique.
Pourtant ce jeu finit par la lasser.
– Je veux bien voir ce que tu vas inventer maintenant, lance-t-elle au clou.
– Je suis un dromadaire. J'ai une bosse grise et suis chargé de gros paquets. Je suis tout seul dans un grand désert jaune.
Cécile cligne des yeux et croit voir le clou avancer sur le mur jaune et plat. Elle est assise sur le dos du dromadaire, elle se balance, elle a de plus en plus chaud, elle a soif.
Boum !
Le dromadaire a dû trébucher sur quelque chose.
Cécile ouvre les yeux.
Le clou est là, planté dans le mur. Son ombre oblique indique la porte. Dans l'encadrement de la porte, voici maman, un verre de sirop de framboise à la main. Elle dit : – N'as-tu pas eu peur, sans moi ?
– Non. Je me suis trouvé un ami, répond la fillette en riant, avant de vider son verre jusqu'à la dernière goutte.

LE CHAPEAU VOLAGE

Avant de lier amitié avec ma casquette, je portais un chapeau. Je ne faisais pas un pas sans lui et, pour lui être plus agréable, je lui avais donné un nom, Victor.

On ne l'aurait pas cru en nous voyant ensemble, mais Victor n'était pas un chapeau facile à vivre. Il voulait toujours avoir le dessus. Il prétendait que c'était toujours le cas pour les chapeaux.

Quand je le mettais un peu à gauche, il n'était pas content. – Je vais me mettre plus à droite, ce sera plus confortable.

Je le mettais un peu plus à droite, cela ne lui convenait pas non plus.

– Finalement, je suis plus élégant à gauche, disait-il.

Je l'inclinais un peu vers l'arrière, il disait qu'il ne voyait plus le chemin devant lui. Et si je le penchais vers l'avant, il disait qu'il avait le vertige, que son dos allait se voûter. Bref, de nouvelles jérémiades !

– Victor, répondais-je à chaque fois pour ne pas le contrarier, installe-toi comme il te plaira. Chaque fois, c'était lui qui gagnait.
Ce fut un jour d'automne que le drame arriva.
Nous marchions ensemble par un chemin de campagne. Tout à coup, le vent se leva. Sans hésiter une seconde, Victor sauta de ma tête et fit la course avec le vent.
Voulant les imiter, je me lançai après Victor, mais le temps de m'ébranler, Victor avait déclaré forfait.
J'atteignis l'églantier où Victor m'attendait.
– Je suis satisfait de te voir devenu raisonnable, lui dis-je gentiment. Quelle gaffe !
– Je ne deviens pas du tout raisonnable, j'ai perdu la course.
– N'aie pas de regrets, Victor, ça n'en vaut pas la peine.
– Eh bien, j'en ai, répondit mon chapeau sur un ton presque grossier. Et j'ai perdu la course parce que je ne suis pas assez entraîné. Mais je lui revaudrai ça !
A partir de ce moment, plus moyen de faire entendre raison à Victor. Au lieu de rester sagement sur ma tête, il sautait par terre et courait comme un fou pour s'entraîner. Et, si je me permettais parfois de suggérer que, peut-être, il exagérait, il se rebiffait aussitôt.
– J'ai dit que je lui revaudrais ça et je le lui revaudrai. Au prochain Marathon des chapeaux, je serai plus rapide que le vent.
Au début, je tentais encore de raisonner ce chapeau têtu mais, bientôt, je n'en eus même plus le moyen.
Il faut dire qu'un soir d'octobre, Victor sauta une fois encore de ma tête, il se mit à courir de plus en plus vite. Je ne l'ai jamais revu depuis.
« Il a dû se lancer dans la course d'endurance », me dis-je en guise d'explication. Quand arrivèrent les pluies, suivies de la saison des neiges, je m'achetai finalement une casquette.
Mais cette fois, plus de faiblesse. La casquette doit apprendre qui est le maître. On ne va pas recommencer comme avec Victor.
Si je la pose à gauche, elle reste à gauche. Quand il me semble qu'elle serait mieux inclinée vers la droite, elle reste à droite.
Pourtant, nous sommes devenus de grands amis et elle ne me quitte jamais.

COMMENT LE VIEILLARD NE FIT PAS FORTUNE

Un riche marchand se baignait un jour dans la rivière. Il tomba dans un trou d'eau et fut pris dans le tourbillon. Un vieil homme passait par là, qui entendit les appels du marchand. Il accourut et le tira de l'eau. Le marchand ne savait comment le remercier. Il invita le vieillard à la ville chez lui, le fit manger à sa table et lui donna un morceau d'or gros comme une tête de cheval.
Le paysan prit l'or et s'en retourna chez lui. Il rencontra un marchand de chevaux qui menait tout un troupeau devant lui. – Bonjour, brave vieillard, d'où viens-tu donc ?
– De la ville, de chez le riche marchand.
– Et que t'a-t-il donné ? – Un morceau d'or gros comme une tête de cheval. – Donne-moi ton or et choisis le plus beau de mes chevaux en échange.
Le vieillard choisit le plus beau cheval, remercia et continua sa route.
Il chemina et rencontra un bouvier qui menait devant lui tout un troupeau : – Bonjour, brave vieillard, d'où viens-tu donc ?
– De la ville, de chez le riche marchand.
– Et que t'a-t-il donné ? – Un morceau d'or gros comme une tête de cheval. – Où est cet or ? – Je l'ai échangé contre un cheval.
– Donne-moi ton cheval et choisis mon plus beau bœuf en échange.
Le petit vieux choisit un bœuf, remercia bien poliment et passa son chemin.
Il chemina encore et croisa un berger menant un troupeau de moutons : – Bonjour, brave vieillard, d'où viens-tu donc ? – De la ville, de chez le riche marchand. – Et que t'a-t-il donné ? – Un morceau d'or gros comme une tête de cheval. – Où est cet or ? – Je l'ai échangé contre un cheval. – Mais où est ce cheval ? – Je l'ai échangé contre un bœuf.
– Donne-moi ton bœuf et choisis le plus beau bélier du troupeau en échange. Le vieillard choisit donc un bélier, remercia bien poliment et passa son chemin.
Il chemina encore et croisa un porcher menant un troupeau de porcs : – Bonjour, brave vieillard, d'où viens-tu donc ? – De la ville, de chez le riche marchand.
– Et que t'a-t-il donné ? – Un morceau d'or gros comme une tête de cheval. – Où est cet or ? – Je l'ai échangé contre un cheval.
– Mais où est ce cheval ? – Je l'ai échangé contre un bœuf. – Où est le bœuf ? – Je l'ai échangé contre un bélier. – Donne-moi ton bélier et choisis le plus beau porc du troupeau en échange.
Le vieillard choisit le plus beau porc, remercia bien poliment et passa son chemin.
Il chemina encore et croisa un marchand ambulant, avec sa hotte sur le dos. – Bonjour, brave vieillard, d'où viens-tu donc ?
– De la ville, de chez le riche marchand. –Et que t'a-t-il donné ? – Un morceau d'or gros comme une tête de cheval. – Où est cet or ?
– Je l'ai échangé contre un cheval. – Mais où est ce cheval ? – Je l'ai échangé contre un bœuf. – Où est le bœuf ? – Je l'ai échangé contre un bélier. – Où donc est le bélier ?
– Je l'ai échangé contre un porc. – Donne-moi ton porc et prends la plus belle de mes aiguilles en échange.
Le vieillard choisit la plus belle aiguille, remercia bien poliment et passa son chemin.
Il arriva chez lui et, en grimpant sur la clôture, il perdit son aiguille.
Sa femme se porta à sa rencontre : – Oh, trésor de ma vie ! J'étais morte d'inquiétude. Dis-moi, as-tu été chez le marchand ? – Oui.
– Et que t'a-t-il donné ? – Un morceau d'or gros comme une tête de cheval. – Où est cet or ? – Je l'ai échangé contre un cheval.
– Mais où est ce cheval ? – Je l'ai échangé contre un bœuf. – Où est le bœuf ? – Je l'ai échangé contre un bélier. – Où est donc le bélier ? – Je l'ai échangé contre un porc.
– Et le porc ? – Je l'ai échangé contre une belle aiguille. Je voulais t'apporter au moins un petit cadeau, ma colombe, mais j'ai perdu l'aiguille en passant la clôture. – Grâce à Dieu, tu m'es revenu, trésor de ma vie. Viens, je t'ai préparé un dîner.
Et c'est ainsi que les deux vieillards continuèrent à vivre heureux même sans l'or du marchand.

Que de monde sur cette illustration ! Messieurs ou dames à chapeaux, avec des cannes ou des rubans dans les cheveux, ou d'autres accessoires. Chacun est suivi de son ombre qui est encore blanche. Réunissez, en les coloriant, l'ombre et son personnage.

Ces chiens ont fait les fous et ils ont emmêlé leur laisse. Amusez-vous en aidant chaque chien à retrouver sa maîtresse.

DIABLE ET DIABLOTIN

JE CROIS QUE LE ROBINET GOUTTE
PLOP,
PLOP,
PLOP...
HEUREUSEMENT, JE M'Y CONNAIS
SERRONS À FOND...
QU'EST-CE QUE ÇA DONNE ?
ÇA NE GOUTTE PLUS

DÉCEMBRE

LES CONTES DE DÉCEMBRE

sont dorés comme les beignets croustillants que grand-mère fait frire, dorés comme les boules de Noël, dorés comme le gui, comme le cœur des hommes, comme la main qui donne.
Dehors, corneilles et corbeaux montent la garde en croassant dans les sillons gelés et cherchent quelque nourriture aux abords des maisons.
Et le soleil froid guette à travers les fenêtres givrées pour vous offrir un ultime cadeau. C'est l'histoire de Simon et Margotte dont le grand-père très habile fabrique des merveilles avec des petits riens : trésor caché dans les dernières pages.

Voici l'hiver.
Sous son manteau de neige
La terre se
prépare au printemps
Et les oiseaux font
des glissades.

NUAGE

Écoute l'histoire d'une petite fille qui s'appelle Anne. Mais sa maman lui dit plus souvent Anna ou, quelquefois, Nuage. Pourquoi Nuage ? Il suffit de la regarder pendant quelques instants et l'on s'aperçoit vite qu'au lieu de marcher normalement, Anna sautille et s'envole et qu'elle est toujours dans les airs.

Les enfants au jardin public disent que c'est merveilleux d'avoir un nom aussi léger. Si Nuage voulait, elle pourrait même marcher dans le ciel ou se promener sur l'eau.

Mais Nuage n'as pas du tout envie de marcher dans le ciel, encore moins sur l'eau. C'est sur la terre qu'elle est heureuse. Elle aime la terre et les cailloux dont elle caresse les têtes rondes ou bosselées, ou encore anguleuses.

Voyez comme elle habille les cailloux au printemps. Et voici toute une famille de cailloux l'été. Ils vont se baigner et chacun d'entre eux a un maillot différent. Cela dépend du temps qu'a duré chaque craie de couleur.

A l'automne, les cailloux brillent encore de loin, tandis que le soleil est déjà fatigué. Les cailloux d'hiver sont les plus heureux du monde.

Nuage, Nathalie, Sophie, Nicolas et Marc leur ont préparé le Noël des cailloux.

Avez-vous déjà vu Nuage avec son chien ?

Mais Solo n'est pas un chien ordinaire. Point n'est besoin de le tenir en laisse. Il a compris qu'il doit rester tout près de sa maîtresse puisqu'elle ne peut pas parler. Sa voix est restée pétrifiée quelque part au profond de sa gorge et on ne l'entend pas. Il ne sait pas exactement que sa maîtresse est muette, mais il se dit qu'ils se ressemblent et se comprennent sans se parler.

Aujourd'hui, l'on joue une pièce de théâtre chez Sophie, dans la remise à bois qui donne sur la cour, avec un vrai rideau. Les enfants ont des rôles qui parlent. Nuage est une Ondine qui s'exprime en dansant. Les spectateurs restent muets d'admiration. Puis, les enfants accompagnent Nuage chez elle. Ils crient pour appeler sa mère, qui ouvre en pressant un bouton.

Parfois, la maman d'Anna sort sur le balcon, sinon, elle remercie les enfants par la fenêtre.
Quelques instants plus tard, Nuage et son chien surgissent comme des bombes. Solo aboie et la voix pétrifiée de Nuage devient presque vivante. Elle tremble, inaudible, tandis qu'avec les yeux et les mains, elle raconte à sa maman ce qu'elle a fait dans la journée.

POURQUOI LA GIRAFE A UN LONG COU

Le samedi, André ne va pas à l'école, mais son papa l'emmène promener. Un jour ils vont voir un match de football, un autre jour, ils visitent le musée des vieilles voitures ; une fois, ils sont même allés à l'aéroport. Mais aujourd'hui ils se dirigent vers le zoo pour voir une nouvelle girafe.
– Papa, pourquoi la girafe a-t-elle un si long cou ? demande André.
– Pour pouvoir brouter les feuilles des arbres. Les girafes vivent très loin en Afrique et elles se nourrissent de feuilles.
– Les girafes ne mangent pas d'herbe ?
– Pas si elles peuvent faire autrement. Si elles n'ont rien d'autre, elles mangent de l'herbe. Leur cou est long mais pas très souple de sorte qu'il leur est malaisé de le pencher.
André a donc appris quelque chose de nouveau. Auprès de qui pourrait-il bien s'en vanter ? Un peu plus loin, un vieux monsieur est assis sur un banc. André s'approche : – Bonjour monsieur. Je parie que vous ne savez pas pourquoi la girafe a un si long cou.
– Moi je parie que si, répond le vieux monsieur du tac au tac.
– Voyons, dit André qui ne se laisse pas démonter.
– Il y a très longtemps, la girafe était toute petite et elle avait un cou à peu près aussi court que le tien, commence le vieux monsieur.
« Attention, ce n'est pas du tout l'histoire », pense André dans sa tête. Ou peut-être que si ?
Lorsqu'il y avait un match de football ou une autre fête, tout le monde la poussait toujours vers le fond et la malheureuse ne voyait jamais rien. Mais elle ne pleurait ni ne grognait. Elle étirait toujours son cou le plus qu'elle pouvait. Elle sautait en l'air, se mettait sur la pointe des pieds et elle se tendait le plus possible vers le haut. Un jour, elle était au cirque des singes et tout le monde applaudissait car on annonçait un gorille savant qui pouvait attacher ses lacets...
– Avec des boucles ? interrompt André, béat d'admiration.
– Avec des boucles, oui, confirme le monsieur. La girafe voulut donc tendre le cou comme à son habitude, mais tout à coup, elle entendit crier derrière elle : – Que cette grande girafe aille dans le fond. Oui, elle nous cache le spectacle. La girafe se retourna et elle vit derrière elle des hippopotames, des kangourous, un rhinocéros, une autruche et même un petit éléphant. Et tout ce monde criait à la girafe d'aller se mettre au fond.
– Suis-je vraiment si haute ? demanda la girafe étonnée. Or, c'était vrai : elle dépassait nettement tous les autres animaux. Comment était-ce possible ? Elle avait tellement tendu le cou qu'il s'était allongé.
– Alors ? dit André. Comment l'histoire s'est-elle terminée ?

– Très bien. La girafe était tout à fait contente d'être la plus grande de tous les animaux. Elle n'a fait aucun drame pour s'installer au fond. Et elle a même porté un petit autruchon pour lui permettre de voir, acheva le monsieur.

André trouve ce conte tout aussi vraisemblable que l'histoire de son père. Mais, juste au moment où il voulait demander au monsieur si le gorille savant savait aussi se peigner seul, une petite fille arrive en courant sur le sentier. Elle toise André d'un air hostile et entraîne le monsieur avec elle.

– Elle a dû penser que je voulais lui voler son grand-père, grommèle André en retournant auprès de son père.

« Et si la girafe attrape une angine », songe-t-il plein d'inquiétude. Une angine doit être la plus terrible des maladies pour une girafe. Avec un si long cou, elle doit avoir mal pendant longtemps.

On lui met un très long cache-col autour du cou et le docteur lui prescrit deux jerrycans de gargarisme.

– S'il n'y en a pas assez, ajoute-t-il, téléphonez-moi et je vous prescrirai un tonneau supplémentaire.

Mais pour l'instant, la girafe n'a pas du tout l'air malade.

– Papa, pourquoi ne lui donne-t-on pas plutôt une allée d'arbres à brouter, à la place du foin, puisqu'elle les préfère ?

– Tu ne la connais pas, lui répond son père. Dis-toi qu'un petit arbre met des années et des années à pousser et elle n'en ferait qu'une bouchée pour son petit déjeuner. Ensuite, il lui en faudrait un autre pour le déjeuner, et puis un autre pour le dîner. Au bout d'une semaine, il ne resterait plus rien de l'allée. Ce ne serait pas intéressant.

– Mais pourquoi le fait-elle, chez elle en Afrique ?

– Là-bas, elle est en pleine liberté. La nature est très généreuse : elle donne beaucoup d'arbres et la girafe peut choisir.

Quelque chose tape du pied à quelques pas d'André. La girafe a fini son repas et elle s'élance dans l'enclos. C'est très joli à voir : on dirait qu'elle danse. Dommage qu'elle n'ait pas ce long cache-col autour du cou. On l'aurait vu flotter à travers tout le zoo...

Même chez les animaux, tout est différent à Noël. Ils s'affairent toute la journée, courent à droite, à gauche et, quand vient le soir, ils se réunissent autour du sapin.

– Aimez-vous mes noisettes, mes pommes et mon bonhomme en pain d'épices ? demande le sapin brillant.

Déjà chaque animal découvre son cadeau. Le coq reçoit une tête d'ail, la

DES ANIMAUX

poule une poignée de petits pois, Minette un rouet et son fuseau. Médor trouve un coussin pour sa niche avec un os dessus. Comme c'est un chien

intelligent, il l'emporte sous le pommier.

Les étoiles scintillent dans le ciel. La nuit glacée baigne la cour : sans demander rien à personne, elle se contente de fermer toutes les portes avec

sa clé d'argent en chantant d'une voix douce la chanson du bonheur.

KATOU ET LE DIABLE

Il était une fois dans un village une fille nommée Katou. Elle avait mauvais caractère et une langue de vipère, si bien que tous les garçons la fuyaient. Un beau jour, justement au bal du dimanche, Katou se dit : « Je ne suis plus très jeune et, de ma vie, je n'ai encore dansé avec personne. N'est-ce pas déplorable ? Aujourd'hui, je danserais même avec le diable. »

Pleine de colère, elle se présente donc à l'auberge. Soudain, un monsieur apparaît à la porte. Il lance un ducat au cornemuseux et crie : – Allez les gars, un solo !

Tout l'après-midi, toute la soirée, le monsieur ne dansa qu'avec Katou. Quand vint le moment de rentrer, il la raccompagna devant sa porte.

– Ah ! Si je pouvais danser avec vous jusqu'à la fin de mes jours, soupira Katou.

– Tout est possible. Accroche-toi donc à mon cou, répondit l'étranger.

Katou obéit et, à la seconde même, il se transforma en diable et l'emporta droit en enfer. Arrivée là, Katou continuait à tenir bon. Elle s'agrippait à son cou comme un vrai crampon. A la fin, il fut jeté dehors avec son fardeau et l'ordre de ne pas revenir en enfer tant qu'il n'en serait pas débarrassé.

A bout de forces, le diable se posa dans une prairie. Il y avait là un jeune berger, avec un troupeau de moutons.

– Que portez-vous là ? demanda le berger au diable.

– Oh, imaginez, cher ami, que je passais par là et voilà cette femme qui se pend à mon cou et pas moyen de lui faire lâcher prise.

– Attendez, je crois que je peux vous aider. Écoute, accroche-toi à ma pelisse, crie le berger à Katou. Il l'emporte jusqu'à l'étang voisin et la jette à l'eau avec sa pelisse de fourrure.

Dans ce pays, il y avait un jeune prince qui était très prodigue. Ses deux intendants empochaient le peu qu'il ne jetait pas par les fenêtres et les pauvres gens ne savaient plus à quel saint se vouer. Un beau jour, l'astrologue royal lut une prédiction dans les étoiles :

– Au premier quartier de la lune, le diable viendra chercher les deux intendants et à la pleine lune, ce sera le tour de leur prince.

Un jour, le diable apparut à nouveau devant le berger et lui dit : – Je viens te récompenser du service que tu m'as rendu. Au premier quartier de la lune, je dois emporter les deux intendants en enfer. Comme je vois qu'ils se sont un peu amendés, je vais les laisser sur terre et j'en profiterai pour te payer. Va d'abord dans le premier château. Quand tu me verras emmener l'intendant, approche-toi et dis : – Va-t'en, sinon il t'arrivera malheur. Je partirai et l'intendant te donnera deux sacs d'or. Va ensuite dans le deuxième château et fais de même. A la pleine lune, je dois emmener le prince. N'essaie pas de m'en empêcher, car tu le paierais de ta vie.

Le berger alla donc au premier château. Le portail s'ouvrit juste à ce moment et voilà le diable qui tirait le premier intendant, mort de peur. Le berger s'interposa en criant : – Va-t'en, sinon il t'arrivera malheur. Le diable disparut. Tout heureux, l'intendant fit cadeau au berger de deux sacs d'or.

Les choses se passèrent de même au deuxième château.

Lorsque le prince entendit parler du miracle, il fit venir le berger pour le sauver, lui aussi.

– Seigneur, dit le berger, si vous décidez de traiter le peuple avec bonté et justice, je veux bien tenter ma chance.

Le prince promit tout et le berger repartit.

A la pleine lune, l'homme au pied fourchu se présenta devant le prince. Sans mot dire, le prince le suivit dans la cour. Mais, juste à ce moment, le berger accourut, fendant la foule. De loin, il criait au diable : – Sauve-toi, sinon il t'arrivera malheur.

– Comment oses-tu ? Ne sais-tu pas ce que tu risques ? murmura le diable au berger.

– Espèce de fou, Katou est vivante et elle est là qui te cherche !

A peine le diable eut-il entendu le nom de Katou qu'il disparut en oubliant le prince.

De joie, le souverain fit du berger son premier conseiller.

Quelle idée de juxtaposer deux dessins semblables ! Pourtant, regardez bien, ils ne sont pas identiques. Si vous cherchez vous trouverez cinq différences.

Marie et Thomas ont apporté des graines dans le nichoir, mais ils n'ont trouvé ni oiseaux ni animaux. Découvrez-les.

DIABLE ET DIABLOTIN

J'AI ACHETÉ UNE CARPE
MOI, JE NE NAGE PAS COMME ÇA
MAIS, ON N'A PAS ASSEZ DE PLACE
PISCINE
À LA PISCINE
TUT-TUT...
ON A VOLÉ LA CARPE ?
NON, C'EST ELLE QUI S'EST ENVOLÉE

LES MÉTAMORPHOSES D'UN CORNET EN PAPIER

En janvier, les enfants ont la bouche pleine d'un parfum de vanille. Simon ne fait pas exception. Il a tellement mangé de petits fours vanillés que, soudain, il ne peut même plus les regarder. Ce sont des choses qui arrivent.

Heureusement, il ne reste dans le grand plat à biscuits qu'un petit feuilleté en forme de croissant un peu estropié. Grand-père l'émiette, verse les fragments dans un cornet, ajoute quelques cerneaux de noix et dit à Simon :
– Va porter tout cela au jardin, dans le nichoir des oiseaux. Les merles les apprécient encore plus que de bonnes graines.

Près de la maison des merles, qui n'a ni porte ni fenêtres, se trouve déjà Margotte, la petite voisine d'en face. Elle émiette quelque chose sous le toit des merles. Puis, elle siffle en direction du pommier et appelle les oiseaux pour qu'ils viennent manger.

– Il a mangé le mien ! crie fièrement Margotte en se plantant au milieu du chemin, là où elle et Simon chantonnent généralement leurs comptines. Ils vont toujours jouer chez celui sur qui tombe la dernière syllabe.

Margotte fait exprès de se tromper. Elle crie : – Chez nous ! et s'enfuit vers la maison au toit rouge. Simon court à sa suite portant le cornet vide comme une torche.

Les flocons mouillés tombent sur le papier blanc et y tracent des points. Ce cornet poissé et ponctué ne plaît pas à Margotte. Elle le jette dans la réserve de charbon près du poêle. Que devient un cornet maculé de suie ?

On dit que les ramoneurs portent chance, et la chance, chacun l'apprécie. Au jeu, par exemple.

Margotte n'a pas de jeux chez elle, pas même un jeu de cubes. Mais Simon a une bonne idée.

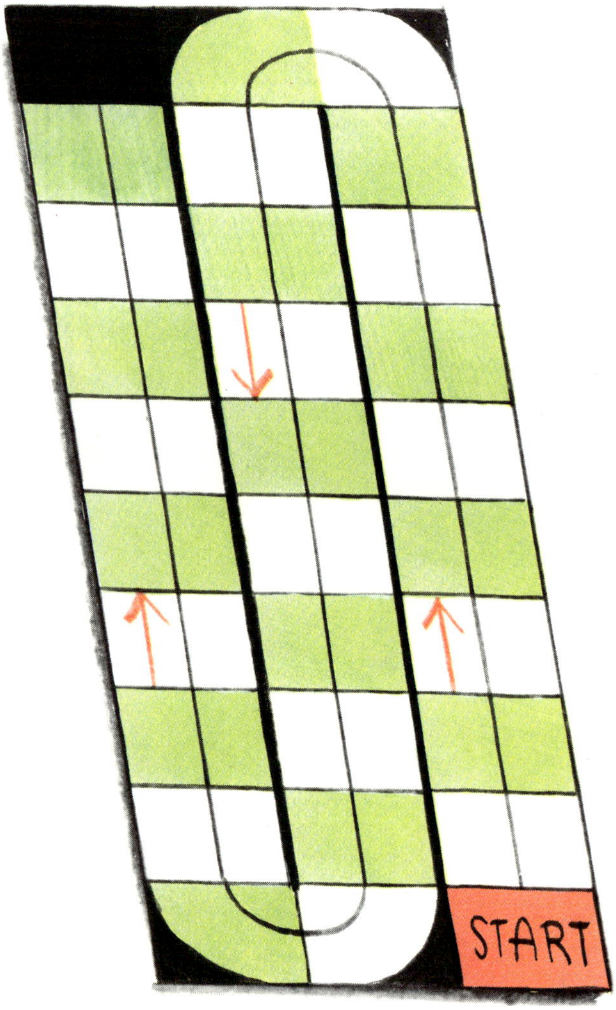

Le ramoneur regarde tout cela sans avantager personne. Le jeu, c'est le jeu. Margotte n'a pas de chance : elle ne sort que des cloches. Elle froisse les bonshommes-cornets entre ses mains et va s'asseoir loin de Simon. Un peu plus tard, elle lui propose de jouer aux perles, un jeu qu'elle connaît parfaitement.

Les petits bonshommes se mettent sur la case départ et Margotte pioche la première dans la boîte. La fleur de pissenlit signifie « prépare-toi ». La clochette ordonne de s'arrêter. La poule permet d'avancer de deux pas et la pomme oblige à retourner d'où l'on vient.

Trop de hâte ne lui vaut rien. La perle vole dans les airs, elle tourne comme un pompon de pull-over, elle saute, se balance, s'éloigne mais ne saute pas dans le cornet. Margotte avale une larme et laisse tomber l'autre sur sa poche boutonnée. Elle ne dit pas un mot à Simon. Lui, trouve qu'il vaut mieux rentrer à la maison. En chemin, il s'interroge : « Pourquoi de bons amis arrivent-ils à se brouiller à cause d'un jeu qui ne réussit pas ? »

Un jour de mars, il fait beau le matin et froid l'après-midi. Le rhume guette à tous les coins de rue. Il saute sur Simon au pied de la colline là, justement, où les premières fleurs sortent déjà de terre. Certaines poussent dans l'herbe qui verdit déjà, d'autres se cachent sous la neige. Les fleurs ne craignent pas le froid. Simon, lui, risque de s'enrhumer. Ce n'est pas un jour à ramasser des perce-neige sans bonnet.

Pour chasser le rhume, on boit un thé dans lequel on ajoute du miel pour la douceur et du citron pour l'acidité. La mère de Simon lui apporte ce thé au lit, dans la plus grande tasse, celle avec un dessin. Elle lui donne aussi un mouchoir qu'il mettra sous son oreiller.

Sous l'autre coin de l'oreiller, se trouve un livre. Il est plein de lettres et Simon regrette de n'en connaître que cinq. On ne peut pas lire une histoire avec cinq lettres seulement.

Heureusement, grand-père n'est pas loin. C'est merveilleux de l'entendre lire. Mais le rhume ne laisse personne en paix et fait éternuer toute la famille.

Pourvu que ce fléau ne s'installe pas chez nous pour de bon, dit papa, inquiet, en avalant quelques cachets de vitamines. Il en donne aussi à maman.
Simon et son grand-père choisissent une orange. Et, avant de la peler, il leur vient une idée.

Cette glace ne peut faire de mal à personne.
Et le bonhomme-orange amuse toute la maisonnée.
Maman apporte son tricot dans la chambre. Sur ses genoux, un panier plein de pelotes se tient en équilibre. L'une d'elles ressemble tout à fait à l'orange et les autres sont complètement noires. Simon choisit la plus grosse, l'enfile sur son doigt et commence une histoire.
– Il était une fois un chat Clignevert aux oreilles blanches. Dans l'oreille droite, ce chat transportait le lutin Chenapan. Tous les matins, Chenapan conseillait au chat d'aller au jardin avaler un merle pour son déjeuner.

– Voyez-vous ça, disait grand-père. Il donna trois soucoupes neuves à Clignevert. Dans la blanche, il mit du lait ; dans la rouge, de la purée de

pommes de terre et dans celle à pois une pointe de saucisse de Strasbourg. Mais Chenapan se moquait bien de

tout cela et le chat continua à guetter les merles. Jusqu'au jour où une grosse suie noire lui tomba dans l'oreille droite. En se nettoyant les oreilles, Clignevert fit tomber Chenapan.
« Pour chasser le rhume, il faut aussi de la chaleur et du soleil », se dit

Simon. Avec la pelote orange, il fabrique donc un soleil.
Le soleil se balance sous la lampe de la chambre et appelle le printemps. Le printemps arrive à grands pas. Le merle, bec jaune et frac noir, entonne une chanson timide. Si son nid reste vide pour le moment, sur la table, dans le panier, cinq merleaux sont apparus, qui regardent le monde.
Dehors, le beau temps s'est installé pour de bon. Les fenêtres peuvent rester grandes ouvertes et le rhume s'est envolé par l'une d'elles : personne ne l'a plus revu.

A ce moment, il se met à pleuvoir. « Quelle chance », se dit Simon. « Je vais dire que c'est la pluie. Margotte ne verra même pas que je suis passé par là. » Le lendemain, il fait beau et Simon entend la phrase, mot pour mot,

Juste derrière le pommier, serpente un chemin avec un gros tas de sable. C'est là que Margotte vient jouer, avec sa pelle rouillée et son petit moule. Un jour de juin, elle bâtit un château magnifique. Simon ne pourrait pas, sans doute, en construire un pareil. Il regarde justement par la fenêtre au moment aù Margotte pique dans le sable le dernier bâton de la grille, ferme le portail avec une tige de pissenlit et rentre pour goûter.
Simon court vers le tas de sable, fait trois pas maladroits autour du château, saute par-dessus et, de tant de splendeur, il ne reste plus qu'une espèce de galette parsemée de cailloux poussiéreux.

qu'il désirait entendre : – La pluie a mangé mon beau château. Elle n'a même pas laissé une tour.
Dans son grand malheur, Margotte veut bien parler avec n'importe qui : fâchée contre la pluie, elle se réjouit de voir Simon arriver avec une boîte de cornets.
A quoi serviront les cornets ?

– C'est une vanesse et elle est à moi, annonce Simon à Margotte. Elle a passé tout l'hiver à dormir dans notre couloir. Je la reconnais bien.
– Elle n'est pas à toi, elle s'est posée chez moi, sur ma tour, rétorque Margotte.
Difficile de savoir. Il y a beaucoup de papillons. Ier ne sont à personne. Alors la vanesse préfère aller se poser ailleurs.

Sur le chemin de sable, les enfants tracent à gros traits une ville, des champs et des prés. Ils vont l'un chez l'autre en visite. Un papillon arrive chez Margotte et se pose sur la pointe de son moulin à vent. Ses ailes sont jaunes, brunes, bleues et orangées.

Ensuite, arrive une mouche qui se pose sur le gros trait. Mais personne ne se disputera pour ellc. Les enfants mettent longtemps à la chasser. La mouche veut toujours faire des tours de manège. Jusqu'à l'arrivée de l'abeille.

C'est merveilleux. Mais une abeille ? On risque seulement de récolter une piqûre au doigt.
Pendant que les enfants se disputent, l'abeille se cache sous un parapluie, puis elle fait un tour de balançoire.

– Une abeille, c'est mieux qu'une mouche, c'est même mieux qu'un papillon. Elle fait du miel, dit Simon.
Margotte ne peut pas être d'accord. Quand on caresse une aile de papillon, on a le doigt de toutes les couleurs.

– J'ai une coccinelle à deux points, dit tout à coup Margotte. Elle est à la maison depuis l'automne, elle habite dans un pot de fleurs. Et elle part chercher sa coccinelle. Simon, lui, va cueillir des fleurs de pissenlit.

Lorsqu'ils reviennent sur le chemin, celui-ci est presque vide. Les cornets de Simon ont disparu. Il n'y a que le grand-père, debout, près du trait, les mains dans le dos.
– Le vent a tout emporté et caché, déclare le grand-père. Simon comprend très bien ce qu'il veut dire. Il avoue à Margotte ce qui s'est vraiment passé avec son château. Ausitôt, grand-père lui rend ses cornets.
Et ils n'ont même pas besoin d'appeler le vent.
Le calendrier annonce déjà le mois de juillet. Et le jardin l'annonce également. Mais c'est le merle qui choisit et emporte les plus belles fraises, celles qui ont mûri à la pointe du jour, le matin même.

– Fabriquons des épouvantails pour le jardin, dit grand-père. Sinon le merle ne nous laissera pas de quoi faire une tarte. Ils se mettent immédiatement à l'ouvrage.

Le chapeau muni de ses fils s'envole par la fenêtre, mais au lieu de porter le message que Simon lui a soufflé à l'oreille, ils descend tout droit et tombe juste sur le nez de Margotte.
– Puis-je le prendre ? demande-t-elle. Le parachute lui plaît beaucoup. Mais Simon ne veut rien savoir. Même lorsque Margotte lui annonce qu'elle part en vacances le lendemain et qu'elle n'a dans son sac qu'une toute petite place pour quelque chose de très léger.
Grand-père est assis sur le banc. Tantôt il lit son journal, tantôt il écoute les enfants bavarder. Puis, il fait un signe à Margotte avec deux doigts. Chacun est coiffé d'un chapeau de papier.

Les fraises ne disparaissent plus, mais Simon s'ennuie de la famille merle. Elle a dû partir en excursion dans un autre jardin. Simon charge le vent de lui porter un parachute.

– Bonjour, dit le majeur. L'index lui fait la révérence. Mais il perd son chapeau rouge et Margotte l'enfile sur son petit doigt. Voilà le Petit Chaperon Rouge qui crie :
– Je cherche le chemin de la forêt et je cherche le loup. Mais il n'a pas le droit de m'avaler.

Le loup obéit. Il se montre derrière le premier arbre de la forêt et n'ouvre pas la gueule.
Simon entre dans cette histoire étrange avec cinq nains qui cherchent Blanche-Neige. Ils l'appellent, mais elle est sans doute en train de faire le ménage dans la petite maisonnette au cœur de la forêt. Ou peut-être dort-elle en ayant avalé la pomme empoisonnée de la vieille sorcière.

Les nains, pourtant, finissent par découvrir Blanche-Neige. Elle ramasse des fraises avec le prince. Celui-ci vient justement de vaincre le dernier des épouvantails. Les nains arrivent à toute vitesse. En chemin, ils perdent leur bonnet et le vent les emporte.
– Ça ne fait rien, dit Margotte en souriant. Je vous donne les miens. Et elle leur apporte tous les chapeaux du grand-père. Elle ajoute le loup, le prince et Blanche Neige. Simon court chercher son parachute et il l'accroche au bouton de la veste de Margotte. Tous deux sont prêts à partir en vacances.

Grand-père et Simon sont allés passer la dernière semaine d'août chez oncle Joseph, dans une petite maison, près d'un village. Dès le lundi, ils ont balayé

la grande cour et rangé le tas de bois. Après le déjeuner, ils jouent au ballon entre deux buts dans la cour toute propre.

– Nous savons déjà jouer au foot, dit grand-père au bout d'un moment. Maintenant, on va s'entraîner à toucher une cible. L'exercice est déjà plus difficile.
Et ils retournent dans la maison chercher un autre cornet.

Oncle Joseph vient regarder la compétition. Il donne de nombreux conseils. Ensuite, il marque chaque point avec un caillou. Simon en a plus que son grand-père. Quel tas est donc le sien ?

Le mardi, ils attendent tous les trois le vent. Les cornets leur indiquent d'où il vient.

Le mercredi, grand-père accroche des signes dans les arbres. Simon les suit pour chercher un trésor.

Le jeudi, ils décorent la clôture pour la rendre plus gaie. Les piquets se transforment en un cortège de musiciens. Le vent fait sonner leur trompette.

Le vendredi, il pleut et l'arrosoir est au chômage. Alors, pour qu'il ne soit pas triste, on lui donne une nouvelle pomme.

Le samedi, papa et maman viennent en visite et une fête les attend dans le jardin. Le plus grand des lampions éclaire pour de bon.

Le dimanche, Simon et son grand-père partent aux champignons. Ils portent de grands cornets pour ramasser des

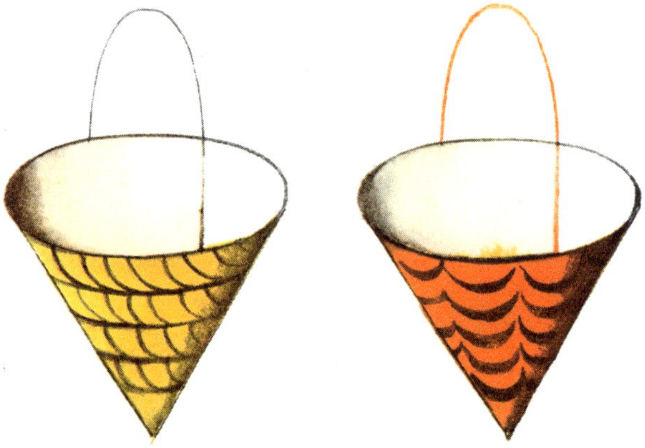

cèpes. Ils trouvent aussi de petites pommes de pin, des feuilles de hêtre et des galles de chêne, des perles oranges tombées des sorbiers, un peu de bruyère, des aiguilles et de la mousse. Tous ces trésors enfermés dans le cornet feront rêver aux vacances pendant toute l'année.

Simon se souvient de la promenade de l'an dernier. C'était aussi un dimanche et, justement, le jour de son anniversaire. Avec son grand-père, ils avaient emporté un cornet de prunes pour les manger dans la forêt. Une brindille de fougère était restée coincée à la pointe du cornet. Peut-être était-ce une fougère magique ? Et si c'était elle qui avait transformé si souvent le cornet...

Qu'en pensez-vous ?

En septembre, les noisettes mûrissent dans les jardins. Lorsque la première tombe dans l'herbe, le grand-père de Simon dit : – L'automne est presque arrivé. Ce sera bientôt son anniversaire. « Mais alors, le mien aussi arrive bientôt », songe Simon : il compte sur ses doigts, les enfermant l'un après l'autre dans sa main restée libre. Il y en a juste cinq.

Maman et papa avaient pensé que l'anniversaire de Simon devait, au moins, arriver sur un cheval à bascule ou sur une trottinette. Puis, ils se souvinrent que Simon avait demandé quelque chose qui ne le lasserait ni l'hiver, ni l'été, ni dehors, ni à la maison. Mais trouve-t-on pareille chose au monde ?

– Bien sûr que oui, répondit le marchand de jouets en posant sur le comptoir un livre d'histoires, un bloc à dessin, des couleurs et des petits ciseaux à bouts ronds.

« Qu'il est donc petit, ce paquet », songeait maman en rentrant à la maison. Et elle se dépêcha d'aller faire cuire un gâteau.

– Il a déjà trop de jouets, bougonnait le grand-père. Mais, comme il ne voulait pas arriver les mains vides, il s'assit derrière la table et se mit à réfléchir.
Le premier cadeau pourrait être une promenade en forêt. Le deuxième, une histoire d'automne. Et le troisième ? Un petit cornet de prunes bien mûres.

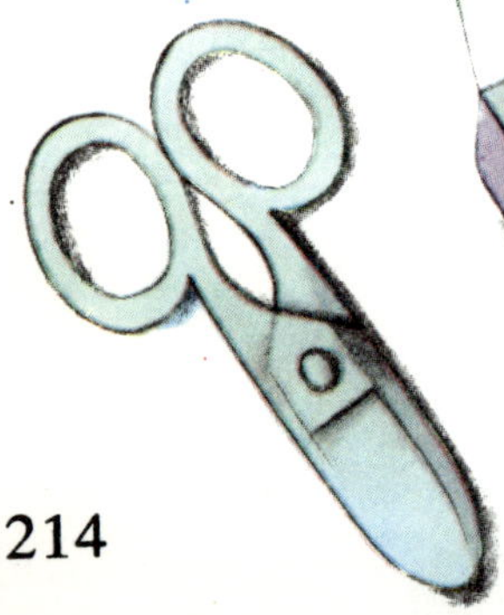

Un beau dimanche, l'anniversaire frappa à la porte juste en même temps que l'automne. Dehors, les nuages couvraient le ciel. Grand-père et Simon partirent se promener à la campagne. En chemin, ils se racontaient des histoires. Dans la forêt, ils observaient les écureuils et appelaient les geais en savourant les prunes du cornet, dont ils donnaient les noyaux aux mousses et aux fougères. En échange, la forêt leur offrit quelques cèpes. Ils les placèrent dans le cornet vide et rentrèrent à la maison.

Il était un peu tard pour lire ou jouer. Alors Simon rassembla tous ses cadeaux près de son lit et les regarda avant de s'endormir. A côté du livre, de la boîte de peintures, du bloc et des ciseaux, il posa le cornet qui embaumait les prunes et les champignons. Accroché à sa pointe, il restait même un petit bout de fougère. Etait-ce une fougère magique dont le pouvoir allait transformer le cornet mille et une fois ?

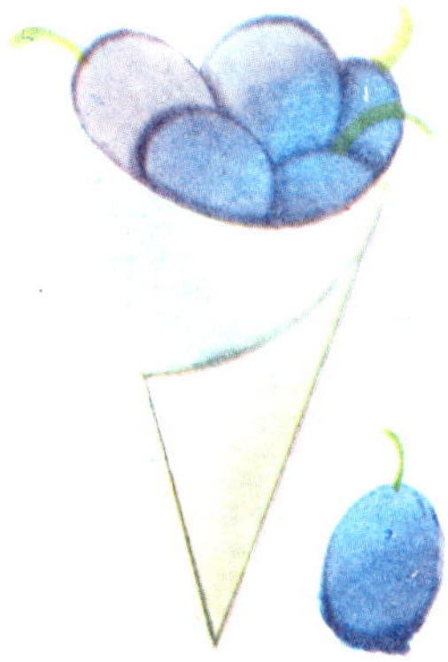

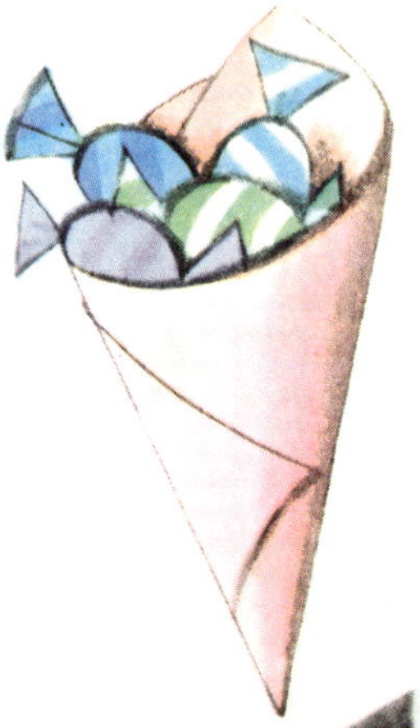

Maintenant, savez-vous à quoi ressemble un cornet en papier ? Cherchez-le parmi tous les autres objets de la page. Combien en trouvez-vous ?

Tant qu'il a fait beau, les ciseaux neufs de Simon se sont balancés pendus à un clou de la cuisine, sans rien faire d'utile. Ils se contentaient de ressembler à un éléphant à lunettes qui attendait le mauvais temps.

Un jour d'octobre, le ciel est devenu tout gris, et le vent s'est mis à souffler fort dans les rues. Alors, le grand-père décrocha l'éléphant qui se balançait à son clou, pour le transformer en crocodile. Pour y arriver, il appela à son aide le pouce, l'index et le majeur... et surprise ! la gueule du crocodile s'ouvrit lentement puis se referma.

– A ton tour d'essayer maintenant, dit ensuite le grand-père à Simon, en lui passant les ciseaux. Il était curieux de voir la suite des événements.

– Attention ! cria papa d'une voix forte. Le crocodile allait s'en prendre à son journal du jour.

Maman dut rappeler au crocodile que la nappe n'était pas à manger et lui interdire de goûter aux manches du pull-over. Lorsqu'elle vit le petit doigt de Simon échapper de justesse aux mâchoires menaçantes, elle alla s'assurer qu'il restait du sparadrap dans l'armoire à pharmacie. Pendant ce temps, papa ouvrit le tiroir de la table de la cuisine, en espérant faire tomber le crocodile pour qu'il reste aux oubliettes. Mais il se passa une chose imprévue : dans le tiroir, le crocodile

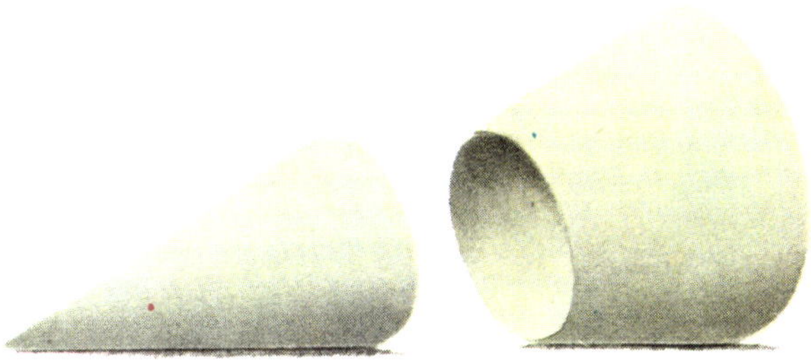

L'instant d'après, un bateau passait auprès du phare.
Lorsqu'il accosta, un marin en descendit.

découvrit le cornet d'anniversaire, sentant la prune et le champignon, avec sa brindille de fougère rapportée de la forêt, et il fut pris d'une soudaine envie de fougère. Il ouvrit les mâchoires et emporta la pointe du cornet qui tomba debout sur la table. Plantée au milieu de la nappe bleue, elle évoquait un phare.

...et les fleurs.

Le marin était heureux de revoir les arbres...

Il distribuait aux enfants les cadeaux qu'il avait rapportés de ses voyages.

...les maisons

– Qui aurait pu imaginer que ce cornet cachait tant de belles choses, dirent papa et maman bouche bée d'étonnement. Ils en oublièrent leur envie d'enfermer le crocodile dans le tiroir.
Simon était content et son grand-père aussi. Avant le déjeuner, toute la famille apprit à fabriquer d'autres cornets, car celui des prunes était déchiqueté.

Pendant la journée, le jardin devant la maison est toujours gai, l'hiver comme l'été, qu'il pleuve ou qu'il fasse beau. Mais vers le soir, la nuit et ses ombres viennent le visiter. Simon n'aime pas le noir. Ni au jardin, ni dans le couloir de la maison, ni même dans sa chambre avant de s'endormir.
– Je vais te fabriquer un bonhomme Vaillant, lui dit grand-père qui n'aime pas voir Simon effrayé. Il sort du tiroir de la table un cornet tout blanc et lui fait un chapeau bleu comme le ciel du soir. Dessous, il dessine des yeux d'émeraude comme ceux du chat Clignevert. Et une bouche fendue d'une oreille à l'autre, tout sourire. Le soir, il accroche Vaillant au cou de Simon et il l'envoie à la fenêtre.

Tous les deux, ils regardent longuement dans la nuit. Dans le jardin, novembre froisse les feuilles mortes et le vent les emporte contre les fenêtres. Le brouillard les colle contre la vitre. Au bout d'un moment, la voilà toute décorée, à la manière d'un arbre de Noël.
Vaillant n'ayant jamais vécu Noël, Simon et son grand-père doivent lui expliquer la fête.
– N'est-ce pas un peu tôt ? demande maman. Tant que Noël ne frappe pas à la porte, ce n'est pas la peine de se presser.
Simon va regarder dans le couloir obscur. Tout à coup, les ombres ne lui font plus peur et le sifflement du vent sous le seuil de la maison le laisse indifférent. Il guette Noël avec son Vaillant et il en oublie tout le reste.

Entre-temps, le grand-père a apporté dans la pièce une grande boîte, du papier, des peintures, du fil et les

ciseaux crocodile. D'abord, ils fabriquent une guirlande de cornets.
Puis ils font sonner les cloches.

Ils en accrochent à la lampe et papa s'emmêle dans les fils. Il trébuche sur le carton oublié par terre et crie très fort contre Noël : – N'aurait-il pas pu rester où il était encore quelque temps, celui-là ?
Mais non, puisque Simon et son grand-père l'ont réveillé. Noël s'éveille quand on l'attend avec joie. Dès que papa a fait la paix avec Noël, il aide Simon à fabriquer des paniers de papier.
Chaque panier reçoit quelque chose.

Le temps de tout ranger dans la grande boîte, la nuit finit de tomber.
Décembre, c'est aussi l'attente de la neige. Chaque matin, en se réveillant, Simon demande : – Alors, elle est tombée ?
Grand-père a descendu la luge du grenier et il l'a laissée dans la cour, mais ça ne suffit pas à faire venir la neige.

– Bizarre ! bizarre ! dit grand-père en souriant. Puisque nous ne pouvons faire de la luge sur la colline, faisons au moins des glissades dans l'entrée. Les pantoufles tricotées sont parfaitement adaptées. Et avec des cornets, on fabrique des bonhommes de neige.
Ils s'installent à la table pour commencer leurs préparatifs. En quelques minutes, voilà dix bonshommes, chacun différent des autres.

Le premier a emprunté une carotte, le suivant a reçu un bonnet de fourrure, le troisième est armé d'un balai, le suivant rit et l'autre fronce le sourcil. Le quatrième et le dixième ont perdu leurs boutons. Un autre les a tous récupérés.

Grand-père a emporté tous les bonshommes sur le bord de la fenêtre pour les montrer aux nuages noirs et leur donner l'idée de s'arrêter enfin au-dessus de la ville.

Dans la journée, quelques duvets gelés sont descendus du ciel. La nuit, une neige épaisse est tombée. Puis, jour et nuit, il neige sans arrêt sur la ville.

Noël approche, mais personne ne peut acheter de cadeaux car le grand magasin sur la place est enfoui sous la neige et la glace bloque la porte.

– Bizarre ! bizarre ! dit à nouveau grand-père en souriant. Mais peu importe, nous aurons quand même assez de cadeaux. Seulement, il faut se mettre au travail sans tarder.

Toute la journée, grand-père et Simon ont fait marcher les mâchoires du crocodile. Ils ont transformé les objets ordinaires en surprises.

Le premier cornet devient un sapin toujours frais.

Le dernier jour de la semaine, ils barrent le dernier bâton inscrit à la craie sur la vieille armoire et maman met une nappe neuve sur la table. Quand tout est bien en place, jusqu'au dernier verre, jusqu'à la dernière petite cuillère, quand le brin de gui doré a trouvé place sous la lampe, Simon croit entendre murmurer le bonhomme du plus grand cornet près de la fenêtre : – Il manque quelque chose sur la table ! Quelque chose de rouge et de parfumé !

Quelque chose de rouge et de parfumé ? Sans doute une fleur. Une tulipe ou une rose.

– Pas du tout ! dit grand-père en souriant. Et il vient en aide à Simon :

– Ça a une peau, des pépins et un cœur.

Il manque une pomme sur la table. Simon en rapporte quatre du cellier, une pour chacun. Il les pose sur des collerettes de papier et c'est le moment que Noël choisit pour entrer dans la maison.

Chacun reçoit un cadeau et tout le monde est heureux.